[par Collin de Plancy]

Caillet 2463
S. de Guaita 1936

ACQ. 82-878

HISTOIRE

DES

FANTOMES ET DES DÉMONS.

DE L'IMPRIMERIE DE DENUGON.

Le Chanoine Normand revenant de Rome.

HISTOIRE

DES

FANTOMES ET DES DÉMONS

QUI SE SONT MONTRÉS PARMI LES HOMMES,

OU

CHOIX

D'ANECDOTES ET DE CONTES,

De faits merveilleux, de traits bizarres, d'aventures extraordinaires sur les Revenans, les Fantômes, les Lutins, les Démons, les Spectres, les Vampires, et les apparitions diverses, etc.

Par Mme GABRIELLE DE P*****. [abam]

De spectres, de démons, d'esprits et de fantômes,
L'ignorance et la peur ont su grossir leurs tomes.
Qu'on prenne de ces traits tout le plus merveilleux;
Que le lecteur s'amuse, et qu'il ouvre les yeux.

PARIS,

LOCARD et DAVI, Libraires, rue de Seine-Saint-Germain, n°. 54;
MONGIE aîné, boulevard Poissonnière, n°. 18;
DELAUNAY, Palais-Royal, galerie de Bois.

1819.

AVERTISSEMENT.

On a déjà publié plusieurs recueils d'histoires prodigieuses, sur les revenans et les apparitions diverses ; mais aucun, jusques aujourd'hui, n'a obtenu d'autre succès qu'une vogue passagère. Toutes ces compilations, formées d'anecdotes absurdes, (qu'on présente comme rapportées par des bouches *dignes de foi*), classées sans goût, écrites d'un style dur et barbare, ne devaient s'attendre qu'à une vie extrêmement courte, puisqu'elles ne présentent au lecteur que l'ennui de lire ce qu'il sait déjà, et le dégoût de parcourir sans agrément un triste volume.

Je me suis proposé de suivre une autre route, dans l'ouvrage que je présente aujourd'hui au public. En puisant dans les sources, j'ai cherché à écrire le tout, d'un style simple et intelligible. J'ai choisi de préférence les anecdotes amusantes, et j'ai eu soin d'élaguer toutes les lenteurs. Ceux qui connaissent les écrivains que j'ai consultés, leurs phrases entortillées, leur penchant à se répandre en détails inutiles, à effrayer l'imagination, m'accorderont au moins cette justice, que j'ai travaillé avec un but utile ; et c'est le seul mérite qui fasse mon ambition.

Le lecteur doit s'attendre à retrouver ici quelques traits, qui ont déjà paru dans d'autres compilations, mais en très-petit nombre, et parce qu'ils étaient nécessaires par leur importance. D'ailleurs, la grande majorité n'a encore figuré dans aucun recueil ; et quelques-uns ne sont connus que de très-peu de personnes.

Comme je n'ai pas assez de logique, pour prouver la fausseté de plusieurs traits merveilleux qu'on lira dans ce volume, et que le lecteur sensé en reconnaîtra aisément le ridicule, je me suis contentée d'écrire les faits, sans réflexion, de les entremêler d'anecdotes plus vraisemblables, et de terminer l'ouvrage par une série d'historiettes, qui montrent le cas que l'on doit faire des contes de revenans.

HISTOIRE

DES

FANTOMES ET DES DÉMONS

QUI SE SONT MONTRÉS PARMI LES HOMMES.

LE DÉMON AMOUREUX.

Il y avait à Séville une jeune demoiselle d'une rare beauté, mais aussi insensible que belle. Un chevalier castillan qui l'aimait, sans espoir de retour, après avoir tenté inutilement tous les moyens de gagner son cœur, partit un jour de Séville, sans en rien dire à personne; et chercha dans les voyages un remède à sa passion malheureuse.

Pendant son absence, un démon, trouvant la belle à son gré, résolut de profiter de l'éloignement du jeune homme. Il en prend la figure, et va trouver la demoiselle; il joue fort bien son rôle, se plaint d'être constamment dédaigné, et pousse d'abord des soupirs qui ne touchent point. Mais après plusieurs mois de persévérance et de sollicitations, il parvient à se faire aimer, et devient heureux. Il naît de leur commerce intime un enfant, dont la naissance est ignorée des parens, par l'adresse de l'amant infernal; l'amour continue, et il en survient une deuxième grossesse.

Cependant le chevalier, guéri par l'absence, revient à Séville. Impatient de revoir son inhumaine, il court au plus vite lui apprendre qu'il ne l'importunera plus, et qu'enfin son amour est éteint pour jamais. L'étonnement de la belle espagnole ne peut se dépeindre; elle fond en larmes, et l'accable de reproches; elle lui soutient qu'elle l'a rendu heureux, il le nie;

elle lui parle de leur premier enfant, et lui dit qu'elle va le rendre père une seconde fois; il s'obstine à désavouer; elle se désole, s'arrache les cheveux; ses parens accourent à ses cris; l'amante désespérée continue ses plaintes et ses invectives. On s'informe, on vérifie que le gentilhomme était absent depuis deux ans; on cherche le premier enfant : il avait disparu, probablement avec son père, qui ne reparut jamais. Le second naquit à terme, et mourut le troisième jour.

LE LUTIN ORTHON.

Froissard rapporte ce trait dans sa Chronique:

Raymond, seigneur de Corasse, ayant un procès avec un clerc de Catalogne, pour les dîmes de l'Eglise, le perdit contre toute espérance, et en fut tellement outré, que lorsque ce dernier vint, avec les bulles du Pape, en prendre possession, il le força de retourner au plus vite à Avignon ; le clerc lui promit en partant que bientôt il aurait affaire à plus fort champion que lui, dont il ne fit que rire.

Mais environ trois mois après, on entendit pendant la nuit, dans le château de Raymond, un bruit effroyable : on frappait de grands coups aux portes et aux fenêtres; et presque tous les meubles furent fracassés et rompus. Le seigneur de Corasse ne s'effraya point; et la nuit suivante, les coups ayant redoublé à sa porte, il demanda hardiment : Qui frappe ainsi à cette heure? — Moi, répondit-on. — Qui t'envoie? — Le clerc de Catalogne, à qui tu fais tort. — Comment t'appelles-tu? — Orthon. — Orthon, reprit le seigneur de Corasse, le service d'un clerc ne te vaut rien, et te donnera trop de peine; laisse-le, et sers-moi : je t'en saurai bon gré.

Orthon, apparemment inconstant et facile à séduire, accepta la proposition; et Raymond lui demanda de ne faire mal à personne. — Je n'en ai pas la puissance, dit le lutin, quoique je fasse beaucoup de bruit. Ainsi, sois tranquille; mon service auprès de toi sera de te venir voir souvent, sans que tu me connaisses, et de t'apprendre tout ce qui se passe au loin.

Il tint parole: presque toutes les nuits, il venait rapporter au sire de Corasse, ce qui s'était passé la veille en Angleterre, en Hongrie ou dans tel autre lieu. Raymond en faisait son profit, et pendant cinq ans, on ne put concevoir par quel moyen il était instruit de tout.

Mais au bout de ce temps, il ne put s'en taire au comte de Foix, et lui parla de son messager; celui-ci lui inspira le désir de le voir; et la nuit suivante, Orthon apportant des nouvelles de Bohême, Raymond lui demanda comment il pouvait faire un chemin de soixante journées en une nuit, et s'il avait des ailes ? Orthon lui répondit de ne pas l'interroger davantage; mais le sire de Corasse demandant instamment à le voir, il lui dit de prendre garde à la première chose qu'il apercevrait, le lendemain à son lever. Cependant le lendemain se passa sans que le curieux seigneur pût dire: voici Orthon. Le soir, il lui en fit reproche; Orthon s'excusa, et dit: N'avez-vous pas vu ce matin, en sortant du lit, deux fétus qui tournoyaient ensemble sur le parquet? — Oui, répondit Raymond. — Eh bien ! c'était moi.

Le sire de Corasse, non content de cela, demanda à Orthon de se faire voir sous une autre forme. Le lutin lui dit qu'il en demandait trop, et qu'il risquait de le perdre pour toujours, par sa trop grande curiosité; que pour cette fois, cependant, il consentait encore à se faire voir; qu'il remarquât donc la première chose qu'il verrait le lendemain, en sortant de sa chambre.

En conséquence, le lendemain matin, Raymond fut se promener dans la basse-cour du château; et jetant les yeux de tous côtés, il aperçut une truie d'une grandeur extraordinaire, maigre, hideuse, ayant les oreilles pendantes, le museau fort long, et le regard de travers. Le seigneur de Corasse, ne croyant pas encore que ce fût là son démon, fit lâcher ses chiens après cette truie, qui disparut aussitôt en jetant un grand cri.

Depuis lors, Orthon ne revint plus, et le seigneur de Corasse mourut dans l'année.

LE VOYAGE MAGIQUE.

Voici ce qu'on lit, dans *Torquemada* :

Un gentilhomme espagnol, allant

à cheval, avec son fils, de Valladolid à Grenade, et passant par le village d'Almeda, fit rencontre d'un autre cavalier, qui tenait le même chemin. Après avoir marché deux ou trois heures ensemble, ils s'arrêtèrent pour se reposer. Le cavalier étendit son manteau sur l'herbe, en sorte qu'il n'y restât aucun pli, et fit asseoir les deux voyageurs avec lui. Ils apportèrent chacun ce qu'ils avaient de provisions pour la halte, firent approcher leurs chevaux, burent, mangèrent à leur aise, et demeurèrent là assez long-temps.

Comme les deux voyageurs, qui voulaient arriver à Grenade, commandaient à leur domestique d'apprêter leurs chevaux, et se disposaient à quitter le manteau sur lequel ils étaient assis, l'inconnu leur dit : — Messieurs, ne vous pressez point; je vous promets que vous serez aujourd'hui de bonne heure à la ville. En même temps, il leur montra Grenade, qui n'était pas à un quart de lieue de là, et ajouta qu'ils pouvaient remercier son manteau, de la promptitude de leur voyage. Il les pria enfin de ne rien dire à personne de ce qui leur était arrivé, et disparut.....

APPARITION D'UNE ATHÉNIENNE.

Une femme d'Athènes étant morte, on jeta dans le bûcher tout ce qui avait été à son usage. Sept jours après, elle revint, et apparut à son mari, pendant qu'il lisait le livre que Platon a écrit sur l'âme. Elle s'assied auprès de lui; le mari l'embrasse en pleurant; elle le prie de ne point faire de bruit, et lui reproche d'avoir oublié de jeter dans le bûcher une de ses sandales dorées, qui était demeurée cachée sous un coffre..... Alors un petit chien, qui

était auprès de son maître, ayant commencé à japper, le fantôme s'évanouit...
On chercha la sandale, et on la brûla, comme tout le reste.

~~~~~~

LES FOURCHES PATIBULAIRES.

Deux paysans, allant au marché de Beaumont-le-Vicomte dans le Maine, partirent au clair de la lune, deux heures avant le jour; ils avaient été devancés, par un pauvre cloutier des environs, qui suivait les marchés, pour débiter ses clous et ses fers de cheval; qu'il portait sur son dos, dans une besace. Etant en chemin, et n'entendant ni ne voyant personne, devant ni derrière lui, il jugea qu'il était parti de trop bonne heure, et fut saisi de frayeur, en songeant qu'il lui fallait passer tout proche des fourches patibulaires, où il y avait alors un grand nombre de pendus..... Il s'écarta donc un peu du chemin; et se couchant sur un petit tertre de gazon, derrière une haie, en attendant quelque compagnon, il s'y endormit.

Peu de temps après, les deux paysans passèrent. Ils allaient au petit pas, et ne disaient mot. Quand ils furent près du gibet, l'un des deux, nommé Mathurin, dit à l'autre, qu'il fallait compter les pendus; et Thomas, son camarade, y consentit. Ils avancèrent jusqu'au milieu des piliers, pour faire leur compte, et virent un mort fort sec, qui était tombé de sa potence. Mathurin dit qu'il fallait le relever, et l'appuyer tout droit contre un des piliers; ce qu'ils firent facilement, avec un bâton qu'ils trouvèrent là.

Après avoir compté quatorze pendus, sans celui qu'ils avaient relevé, ils continuèrent leur chemin. Ils n'avaient pas fait vingt pas, que Mathurin dit en riant à Thomas, qu'il fallait appeler ce mort, pour voir s'il voudrait venir avec eux; et tous deux se mirent à crier bien fort : — Hola! ho! veux-tu venir avec nous? Le cloutier, qui ne dormait pas trop profondément, se leva de suite, et leur répondit, en criant aussi de toutes ses forces : — J'y vais! j'y vais! Attendez-moi. En même temps il se mit à les suivre.

Les deux paysans, croyant que c'était effectivement le pendu qui leur répondait, commencèrent à courir de toutes leurs jambes; et le cloutier, qui courait aussi, en criant toujours, *attendez-moi!* redoubla leur frayeur, en agitant ses clous et ses fers, qu'ils prirent pour les chaînes du revenant... Le tremblement les ayant saisis, ils tombèrent, le nez contre terre. Le cloutier les rejoignit, et les trouva presque morts de peur... Il les fit revenir, et parvint à les rassurer, en ajoutant qu'ils l'avaient bien fait courir. Les deux champions le reconnurent pour un de leurs voisins, et continuèrent avec lui leur chemin, jusqu'à Beaumont, moitié riant, moitié frissonnant encore de leur aventure.

L'ESPRIT FAMILIER.

« JE me suis trouvé, dit *le Petit Albert*, dans un château où il y avait un esprit familier, qui, depuis six ans, avait pris soin de gouverner l'horloge et d'étriller les chevaux. Il s'acquittait de ces deux choses, avec toute l'exactitude que l'on pouvait souhaiter. Je fus curieux un matin d'examiner ce manège : mon étonnement fut grand de voir courir l'étrille sur la croupe du cheval, sans être conduite par aucune main visible...

« Le palfrénier me dit qu'il avait

attiré ce farfadet à son service, en prenant une petite poule noire, qu'il avait saignée dans un grand chemin croisé ; que du sang de la poule, il avait écrit sur un petit morceau de papier : *Bérith fera ma besogne pendant vingt ans, et je le récompenserai ;* qu'ayant ensuite enterré la poule, à un pied de profondeur, le même jour, le farfadet avait pris soin de l'horloge et des chevaux ; et que, de temps en temps, il faisait des trouvailles, qui lui valaient quelque chose. »

VISION DE DION LE PHILOSOPHE.

Dion, le philosophe, disciple de Platon, et général des Syracusains, étant un soir assis tout pensif dans le portique de sa maison, entendit un grand bruit, puis aperçut le spectre d'une femme d'une taille monstrueuse, qui ressemblait à une furie. Il n'était pas encore nuit; elle commença à balayer la maison... Dion effrayé envoya prier ses amis de le venir voir, et de passer la nuit avec lui; mais cette femme ne parut plus.....

Peu de temps après, son fils se précipita du haut de la maison, et lui-même fut assassiné par des conjurés.

LES EFFETS DU NOMBRE TREIZE.

Le trait suivant appartient à un village du Hainaut.

L'an 1773, le vendredi, 13 octobre, à huit heures treize minutes du soir; (on observera que le concours de plusieurs nombres treize est toujours fatal), on achevait alors la vendange, parce que les vignes avaient mûri tard cette année. Le paysan Lucas, en sortant de la cuve où il venait de fouler le raisin, avala treize pleins verres de vin nouveau. Quand il rentra chez lui, ce n'était plus un homme, c'était un diable. Malheureusement sa femme Lisette avait mangé, à son dîner, une petite omelette aux rognons, de treize œufs; et n'avait bu que de l'eau : la digestion s'était faite péniblement. Lisette, en voyant Lucas un peu gris, bâilla, fit la grimace, et tint un propos aigre. Lucas répondit par un geste menaçant et par un gros mot. Dans un petit moment d'humeur, Lisette jeta treize assiettes à la tête de Lucas, qui, dans un premier mouvement, l'assomma de treize coups de broc....

Quand il la vit morte, il sentit qu'il l'aimait. Il se jeta comme un désolé sur le cadavre, et lui demanda pardon de l'avoir tuée. — Hélas! s'écriait-il piteusement, voilà pourtant la première fois que cela m'arrive! Enfin, il se releva, d'un air réfléchi, alla droit à sa cuve, les bras croisés; et s'y insinua tout doucement, la tête la première. On l'en retira, au bout de treize secondes; il était déjà mort et noyé....

La justice, indignée, prit connaissance de l'affaire. Elle s'empara du corps de Lucas, qui, très-heureusement pour lui, n'avait plus d'âme; elle le fit pendre par les pieds. On rasa la ferme; et le terrain fut mis à l'encan. Celui qui l'acheta s'en trouva mal, et ne put jamais habiter le corps-de-logis qu'il avait fait bâtir à la place; car tous les ans, dans le temps des vendanges, quelquefois plus tard, il s'y faisait toujours un changement affreux. La nuit venait, le corps-de-logis sautait sur ses fondemens, le toit semblait danser, les murs paraissaient rouges de sang ou de vin. Il se faisait dans l'intérieur un horrible charivari; on croyait entendre le cliquetis des assiettes, le choc des brocs, les gémissemens d'une morte et les cris d'un noyé. (Louvet de Coupvrai.)

~~~~~~~

LE DÉMON SUCCUBE.

Tout le monde sait que certains démons prennent quelquefois des figures de femmes, pour séduire les hommes et en obtenir de l'amour.

Un jeune seigneur de Bavière était inconsolable de la mort de sa femme, qu'il aimait passionnément. Un démon vint se présenter à lui, sous les traits de l'épouse regrettée, et lui dit, que Dieu l'avait ressuscitée, pour le consoler de son extrême affliction. Le jeune homme reçut avec transport sa prétendue femme. Ils vécurent ensemble plusieurs années, et eurent même des enfans. Mais un jour, le démon disparut, et ne laissa au seigneur bavarois que ses jupes et sa petite famille.

LES DEUX MOMIES.

Le prince de Radziville, dans son voyage de Jérusalem, raconte une chose fort singulière, dont il a été le témoin.

Il avait acheté en Egypte deux momies, l'une d'homme et l'autre de femme, et les avait enfermées fort secrètement dans des caisses, qu'il fit mettre dans son vaisseau, lorsqu'il s'embarqua à Alexandrie pour revenir en Europe. Il n'y avait que lui et deux domestiques qui le sussent, parce que les Turcs ne permettent que difficilement qu'on emporte ces momies, croyant que les chrétiens s'en servent pour des opérations magiques. Lorsqu'on fut en mer, il s'éleva une tempête, qui revint à plusieurs reprises, avec tant de violence, que le pilote désespérait de sauver son vaisseau. Tout le monde était dans l'attente d'un naufrage prochain et inévitable. Un bon prêtre polonais, qui accompagnait le prince de Radziville, récitait les prières convenables à une telle circonstance; le prince et sa suite y répondaient. Mais le prêtre était tourmenté, disait-il, par deux spectres, (un homme et une femme), noirs et hideux, qui le harcelaient et le menaçaient de le faire mourir. On crut d'abord que la frayeur et le danger du naufrage lui avaient troublé l'imagination. Le calme étant revenu, il parut tranquille; mais la tempête recommença bientôt; alors ces fantômes le tourmentèrent plus fort qu'auparavant; et il n'en fut délivré, que quand on eut jeté les deux momies à la mer: ce qui fit en même temps cesser la tempête.

LE DIABLE COMPLAISANT.

Titus, ayant pris Jérusalem, publia un édit qui défendait aux juifs d'observer le sabbat et de se circoncire, en leur ordonnant de manger toute espèce de viande, et de coucher avec leurs femmes, dans les temps où la loi les obligeait à s'en priver. Les juifs consternés envoyèrent le rabbin Siméon vers l'empereur, pour le supplier d'adoucir cet édit. Siméon s'étant mis en chemin avec le rabbin Eléasar, ils rencontrèrent un diable, nommé Banthaméléon, qui demanda à les accompagner, leur avouant qu'il était diable, et leur promettant d'entrer dans le corps de la fille de Titus, et d'en sortir, aussitôt qu'ils le lui commanderaient, afin qu'ils pussent gagner Titus par ce miracle. Les deux rabbins acceptèrent sa proposition avec empressement; et

Banthaméléon ayant tenu sa parole, ils obtinrent la révocation de l'édit.

L'HOMME NOIR.

Le père Abram rapporte l'anecdote suivante, dans son histoire manuscrite de l'université de Pont-à-Mousson :

Un jeune garçon de bonne famille, mais peu fourni d'argent, se mit d'abord à servir dans l'armée parmi les valets ; delà ses parens l'envoyèrent aux écoles ; mais ne s'accommodant pas de l'assujétissement que demandent les études, il les quitta, résolu de retourner à son premier genre de vie. En chemin, il rencontra un homme vêtu d'un habit de soie, mais noir, hideux et de mauvaise mine, qui lui demanda où il allait, et pourquoi il avait l'air si triste ? — Je suis, lui dit cet homme, en état de vous mettre à votre aise, si vous voulez vous donner à moi.

Le jeune homme croyant qu'il parlait de l'engager à son service, lui demanda du temps pour y penser; mais commençant à se défier des magnifiques promesses qu'il lui faisait, il le considéra de plus près, et ayant remarqué qu'il avait le pied gauche fendu comme celui d'un bœuf, il fut saisi de frayeur, fit le signe de la croix et invoqua le nom de Jésus. Aussitôt le spectre s'évanouit.

Trois jours après, la même figure lui apparut de nouveau, et lui demanda s'il avait pris sa résolution; le jeune homme répondit qu'il n'avait pas besoin de maître. En même temps, l'homme noir jeta à ses pieds une bourse pleine d'écus, dont quelques-uns paraissaient d'or et nouvellement frappés. Dans la même bourse, il y avait une poudre, que le spectre disait trèssubtile. Il lui donna ensuite des conseils abominables, et l'exhorta à renoncer à l'usage de l'eau bénite et à l'adoration de l'hostie, qu'il nommait, par dérision, *le petit gâteau*.

Le jeune homme eut horreur de ces propositions; il fit le signe de la croix sur son cœur, et en même temps il se sentit jeté si rudement contre terre, qu'il y demeura presque mort pendant une demi-heure. S'étant relevé, il retourna chez ses parens, fit pénitence et changea de conduite.

Les pièces qui paraissaient d'or et nouvellement frappées, ayant été mises au feu, ne se trouvèrent que de cuivre.

SONGE D'HYMÉRA.

UNE femme de Syracuse, nommée Hyméra, eut un songe, pendant lequel elle pensa qu'elle montait au Ciel. Après avoir vu et admiré tous les

Dieux, elle aperçut un homme robuste, de couleur rousse, le visage taché de lentilles, enchaîné avec des liens de fer sous le trône de Jupiter. Elle demanda à un jeune homme qui lui servait de guide, quel était celui-là? Le jeune homme lui répondit que c'était le mauvais destin de la Sicile et de l'Italie; et que, lorsqu'il serait mis en liberté, il causerait bien des malheurs. Le lendemain, cette femme divulgua son songe; et quelque temps après, lorsque Denis se fut emparé de la Sicile, pour la gouverner en tyran, Hyméra le vit entrer à Syracuse, et s'écria que c'était l'homme qu'elle avait vu en songe. Le tyran, ayant appris cette particularité, ordonna la mort de cette femme. (VALÈRE-MAXIME.)

UN TOUR AU SABBAT.

Torquemada raconte qu'un mari, ayant soupçonné sa femme d'être sorcière, voulut savoir si elle allait au sabbat, et comment elle faisait pour s'y transporter. Il l'observa de si près, qu'il reconnut un jour que, s'étant frottée d'une certaine graisse, elle prit la forme d'un oiseau et s'envola, sans qu'il la revît, jusqu'au matin qu'elle se trouva au lit auprès de lui. Il la questionna beaucoup, sans qu'elle voulût lui rien avouer. A la fin, il lui dit ce qu'il avait vu; et à force de coups de bâton, il la contraignit de lui apprendre son secret, et de la mener avec elle au sabbat.

Arrivé en ce lieu, il se mit à table avec les autres; mais comme tout ce qui y était servi lui semblait fort insipide, il demanda du sel; on fut assez long-temps sans en apporter; enfin voyant une salière, il s'écria: — Dieu soit béni! voilà ce que je voulais. Au même moment, il entendit un grand bruit; toute l'assemblée disparut; et il se trouva seul et nu dans un champ, entre des montagnes... il y fit quelques pas, et rencontra des bergers, qui lui apprirent qu'il était à plus de trente-trois lieues de sa demeure. Il y revint comme il put; et ayant raconté la chose aux inquisiteurs, ils firent arrêter la femme et plusieurs autres, sorciers et sorcières, qui furent brûlés, suivant l'usage.

LE TRÉSOR DU DIABLE.

En 1530, le démon découvrit à un prêtre de Nuremberg des trésors cachés dans une caverne près de la ville, et enfermés dans des vases de cristal. Le prêtre prit avec lui un de ses amis, pour lui servir de compagnon. Ils se mirent à fouiller dans le lieu désigné, et découvrirent, dans un souterrain, une espèce de coffre, auprès duquel était couché un énorme chien noir... Le prêtre s'avança, avec empressement, pour se saisir du trésor; mais à peine fut-il entré dans la caverne, qu'elle s'enfonça sous ses pieds, l'engloutit, et se trouva remplie de terre comme auparavant.

VISITE CONJUGALE D'UN REVENANT.

PHILIPPE Melancthon raconte que sa tante, ayant perdu son mari, lorsqu'elle était enceinte et près de son terme, vit un soir, étant assise auprès de son feu, deux personnes entrer dans sa maison; l'une ayant la forme de son mari décédé, l'autre celle d'un franciscain de grande taille. D'abord elle en fut effrayée; mais son mari la rassura, et lui dit qu'il avait quelque chose d'important à lui communiquer; ensuite il fit signe au franciscain de passer un moment dans la chambre voisine, en attendant qu'il eut fait connaître ses volontés à sa femme.

Alors il la pria de lui faire dire des messes, et l'engagea à lui donner la main sans crainte. Comme elle en faisait difficulté, il l'assura qu'elle n'en ressentirait aucun mal. Elle mit donc sa main dans celle de son mari; et elle la retira, sans douleur à la vérité, mais tellement brûlée, qu'elle en demeura noire toute sa vie. Après quoi, le mari rappela le grand franciscain; et les deux spectres disparurent.

LE CHASSEUR MYSTÉRIEUX.

TACITE rapporte cette anecdote :
Un homme apparaissait, toutes les nuits, aux prêtres d'un temple d'Hercule en Arménie, et leur commandait

de lui tenir prêts des coureurs équipés pour la chasse. On ne manquait pas d'obéir. Ces coureurs revenaient le soir, harassés de fatigues, les carquois vides de flèches; et le lendemain on trouvait autant de bêtes mortes, dans la forêt, qu'on avait mis de flèches dans les carquois, sans que les coureurs eussent rien tué, ni vu qui que ce soit. Ils avouaient cependant qu'une puissance surnaturelle les forçait à courir, et à traquer les bois, pendant tout le jour.

LE GRAND VENEUR.

EN 1599, Henri IV, chassant dans la forêt de Fontainebleau, accompagné de plusieurs seigneurs, entendit un grand bruit de cors, de veneurs et de chiens; et en un moment, tout ce bruit qui semblait être éloigné, se présenta à vingt pas de son oreille....

Il commanda au comte de Soissons de voir ce que c'était, ne présumant pas qu'il y eut des gens assez hardis pour venir troubler sa chasse. Le comte de Soissons s'étant avancé, aperçut dans l'épaisseur des broussailles, un grand homme noir, qui disparut, en criant d'une voix rauque et épouvantable : *M'entendez-vous? ou amendez-vous!* Ces paroles effrayèrent tellement ceux qui les entendirent, qu'ils n'osèrent poursuivre la chasse.

Au reste, les paysans des environs dirent que souvent ils voyaient ce grand homme noir, qu'ils nommaient *le grand-veneur*, et qu'il chassait dans la forêt de Fontainebleau, sans faire de mal à personne. (HISTOIRE DE HENRI IV.)

―――

LE REVENANT DE CIRCONSTANCE.

L'AUTEUR d'un ouvrage justement estimé : *Paris, Versailles et les pro-*

vinces au dix-huitième siècle, raconte, entre plusieurs anecdotes piquantes, une histoire de revenant, aussi originale que peu connue.

M. Bodri, fils d'un riche négociant de Lyon, fut envoyé à l'âge de vingt-deux ans, à Paris, avec des lettres instantes de recommandation de ses parens pour leur correspondant, dont il n'était pas connu personnellement. Muni d'une somme assez forte pour pouvoir vivre agréablement quelque temps dans la capitale, il s'associa pour ce voyage avec un de ses amis, aussi jeune que lui et extrêmement gai. En arrivant, M. Bodri fut attaqué d'une fièvre très-violente. Son ami, qui resta auprès de lui la première journée, ne voulait pas absolument le quitter, et se refusait d'autant plus aux instances qu'il lui faisait pour l'engager à se dissiper, que n'ayant fait ce voyage que par complaisance pour lui, il n'avait aucune connaissance à Paris. Mais M. Bodri l'engagea à se présenter sous son propre nom, chez le correspondant de sa famille, où il trouverait une société aimable, et à lui remettre ses lettres de recommandation, sauf à éclaircir comme ils le pourraient, *l'imbroglio* qui résulterait de cette supposition, lorsqu'il se porterait mieux.

Une proposition aussi singulière ne pouvait que plaire au jeune homme. Elle fut acceptée gaiment, et exécutée de même. Sous le nom de M. Bodri, il se rend chez le correspondant, lui présente les lettres apportées de Lyon; joue très-bien son rôle, et est parfaitement accueilli. Cependant, de retour à son logement, il trouve son ami dans l'état le plus alarmant, sans espérance; et, nonobstant tous les secours qu'il lui prodigue, il a le malheur de le perdre dans la nuit.

Malgré le trouble que lui occasionna ce cruel événement, il sentit qu'il n'était pas possible de le taire au correspondant de la maison Bodri. Mais, comment avouer, en une aussi triste circonstance, la mauvaise plaisanterie concertée entre les deux amis, n'ayant plus aucun moyen de la justifier; ne serait-ce pas s'exposer volontairement aux soupçons les plus injurieux, sans avoir, pour les écarter, d'autre ressource que sa bonne foi, à laquelle on ne voudrait pas croire? Ne risquerait-il pas même d'être victime de son aveu, jusqu'à ce qu'on eût eu le temps d'en éclaircir la vérité...? Cependant il ne pouvait se dispenser de rester, pour rendre les derniers devoirs à son ami; et il était impossible de ne pas inviter le correspondant à cette lugubre cérémonie.

Ces différentes réflexions, se mêlant avec le sentiment de sa douleur, le

tinrent toute la journée dans la plus
grande perplexité. Mais tout-à-coup,
une idée originale, qu'il ne manqua
pas de mettre sur-le-champ à exécution, vint fixer son incertitude. Pâle,
défait par toutes les fatigues de la
nuit et celles du jour, accablé de tris-
tesse, il se présente à dix heures du
soir chez le correspondant, qu'il trouve
au milieu de sa famille, et qui, frappé
aussitôt de cette visite, à une heure in-
due, et du changement de sa figure,
lui demande ce qu'il a? s'il lui est arrivé quelque malheur?.... « Hélas !
» Monsieur, le plus grand de tous,
» répond le jeune homme, d'un ton
» solennel; je suis mort ce matin, et
» je viens vous prier d'assister à mon
» enterrement, qui se fera demain »;
et, profitant de la stupeur que ces mots
ont jetée dans la société, il s'échappe,
sans que personne fasse un mouvement pour le retenir. Tout le monde le

regarde avec la plus grande surprise; on veut lui répondre, il a disparu. On se consulte, on décide que le malheureux jeune homme est devenu fou; et le correspondant se charge d'aller, dès le lendemain matin, avec son fils, lui porter tous les secours qu'exigent sa situation.

Ils arrivent en effet de bonne heure à son logement, sont troublés d'abord en apercevant des préparatifs funéraires, et demandent M. Bodry. On leur apprend qu'il est mort la veille, et qu'il va être enterré ce matin.... A ces mots, frappés de la plus grande terreur, ils ne doutèrent pas que ce ne fût l'âme du défunt qui leur eût apparu, et revinrent communiquer leur effroi à toute la famille, qui n'a jamais voulu revenir de cette idée.

MALICES D'UN FANTOME.

Alexandre d'Alexandrie dit qu'il y a à Rome des maisons, où il a demeuré, qui sont tellement infestées de spectres et de fantômes, que personne n'ose les habiter. Il voulut un jour éprouver si tout ce qu'on disait de ces maisons était véritable, et se décida à passer la nuit, avec quelques compagnons, dans un logement des plus décriés.

Comme ils y étaient ensemble, avec plusieurs lumières, ils virent paraître un spectre hideux, qui les effraya tellement, par sa voix terrible et le bruit de ses chaînes, qu'ils ne savaient ce qu'ils faisaient ni ce qu'ils disaient; et à mesure qu'ils approchaient avec la lumière, le fantôme s'éloignait. Enfin, après avoir jeté le trouble dans toute la maison, il disparut.....

Un moment après, Alexandre étant couché sur son lit, bien éveillé, et la porte de sa chambre bien fermée, son domestique et ses amis virent tout-à-coup rentrer le spectre, par les fentes de la porte, et commencèrent à crier de toutes leurs forces. Alexandre, qui ne le voyait pas, le cherchait vainement des yeux, lorsque le fantôme, qui s'était glissé sous son lit, étendit le bras, et éteignit les lumières qui étaient sur la table. Après quoi il renversa et brouilla tous les papiers qui s'y trouvaient.

Au bruit qui se faisait dans la chambre, on accourut avec de la clarté; aussitôt le fantôme ouvrit la porte, et prit la fuite. Quelques-uns ne le virent point, mais d'autres l'aperçurent distinctement, sous la forme d'un homme très-noir et horriblement bâti.

MÉCHANCETÉ D'UN LUTIN.

Au diocèse d'Hildesheim, en Saxe, vers l'an 1132, on vit assez long-temps un esprit que les Saxons appelaient *Hecdekin*, c'est-à-dire *l'esprit au bonnet*, à cause du bonnet dont il était coiffé. Il apparaissait, tantôt sous une forme, tantôt sous une autre, et quelquefois, sans apparaître, il faisait plusieurs choses qui prouvaient sa présence et son pouvoir; il donnait même des avis importans. Souvent on l'a vu, dans la cuisine de l'évêque, servir les cuisiniers et faire divers ouvrages. Un jeune marmiton, qui s'était familiarisé avec lui, lui ayant fait quelque insulte, il en avertit le chef de cuisine, qui n'en tint compte; mais le lutin s'en vengea cruellement. Le jeune garçon s'étant endormi dans la cuisine, il l'étouffa, le mit en pièces, et enfin le cuisit. Il poussa encore plus loin sa vengeance, contre les officiers de cuisine, et les autres serviteurs de l'évêque. Ce qui alla si loin, qu'on fut obligé de procéder contre lui par censure, et de le contraindre, par les exorcismes, à sortir du pays. (*Rapporté par* D. CALMET.)

LE DIABLE DE LA RUE DU FOUR.

Dans les histoires modernes, le diable ne se montre plus si souvent que dans les vieilles chroniques; de sorte, que, de bonnes gens s'amusent quelquefois à jouer son rôle, pour qu'on ne l'oublie pas tout-à-fait.

Une marchande de graines, de la rue du Four, dans le faubourg Saint-Germain, à Paris, faisait courir le bruit parmi le voisinage, qu'elle avait un diable dans sa boutique. Il n'en fallut pas davantage, pour y attirer tout Paris. Cette marchande, afin de convaincre le public de la présence invisible du démon, s'enfermait le matin dans son comptoir, et ne manquait pas, dès qu'elle s'apercevait que la foule était grande, de se traîner dans tous les coins de sa boutique. Le comptoir, qui se promenait avec elle, la dérobait aux yeux des spectateurs. Cette cérémonie dura plusieurs jours, à la grande frayeur des curieux; mais le commissaire ayant menacé cette femme de la faire renfermer, si le diable revenait encore, elle sut si bien congédier cet esprit de ténèbres, qu'il disparut pour toujours. (SAINT-FOIX, *Essais*.)

ARMÉE DE FANTOMES.

L'AN 1123, dans le comté de Worms, on vit, pendant plusieurs jours, une multitude de gens armés à pied et à cheval, allant et venant avec grand bruit, et qui se rendaient tous les soirs, vers l'heure de nones, à une montagne, qui paraissait être le lieu de leur rendez-vous. Plusieurs personnes du voisinage, s'étant munies du signe de la croix, s'approchèrent de ces gens armés, en les conjurant, au nom de Dieu, de leur déclarer ce que voulait dire cette armée, et quel était leur dessein. Un des soldats ou fantômes répondit : « Nous ne sommes pas ce que vous imaginez, ni de vains fantômes, ni de vrais soldats ; nous sommes les âmes de ceux qui ont été tués en cet endroit, dans la dernière bataille. Les armes et les chevaux que vous voyez, sont les instrumens de notre supplice, comme ils l'ont été de nos péchés. Nous sommes tout en feu, quoique vous ne voyiez rien en nous qui paraisse enflammé. » On dit qu'on remarqua, en leur compagnie, le comte Enrico, et plusieurs autres seigneurs tués depuis peu d'années, qui déclarèrent qu'on pourrait les tirer de cet état, par des aumônes et des prières.

LE VAMPIRE DE KISILOVA.

Dans le dernier siècle, mourut au village de Kisilova, à trois lieues de Gradisch, un vieillard, âgé de soixante-deux ans. Trois jours après avoir été enterré, il apparut la nuit à son fils, et lui demanda à manger; celui-ci en ayant servi, il mangea et disparut. Le lendemain, le fils raconta à ses voisins ce qui était arrivé; et le spectre ne se montra pas ce jour-là; mais la troisième nuit, il se fit voir, et demanda encore à manger; on ne sait pas si son fils lui en donna ou non : mais on trouva le lendemain celui-ci mort dans son lit. Le même jour, cinq ou six personnes tombèrent subitement malades dans le village, et moururent l'une après l'autre, peu de jours après. Le bailli du lieu, informé de ce qui était arrivé, en envoya une relation au tribunal de Belgrade, qui chargea deux de ses officiers d'aller dans ce village, avec un bourreau, pour examiner l'affaire. L'officier impérial, dont on tient cette relation, s'y rendit de Gradisch, pour être lui-même témoin d'un fait dont il avait souvent entendu parler. On ouvrit tous les tombeaux de ceux qui étaient morts depuis six semaines ; quand on vint à celui du vieillard, on le trouva les yeux ouverts, d'une couleur vermeille, ayant une respiration naturelle, cependant immobile et mort ; d'où l'on conclut qu'il était un signalé vampire. Le bourreau lui enfonça un pieu dans le cœur. On fit un bûcher, et l'on réduisit en cendres le cadavre. On ne trouva aucune marque de vampirisme, ni dans le corps du fils ni dans les autres. (D. Calmet.)

On sait que les vampires sont des revenans, qui, dans le dix-huitième siècle, infestèrent la Hongrie, la Moravie, la Russie, la Suède, etc., en suçant les vivans et les faisant mourir d'une manière cruelle; du moins c'est ainsi qu'on le raconte.

MORT DE CARLOSTAD.

La mort de Carlostad, partisan de Luther, fut accompagnée de circonstances effrayantes. Au dernier sermon qu'il prononça dans le temple de Bâle, un grand homme noir vint s'asseoir près du consul. Le prédicateur l'aperçut et en parut troublé. Au sortir de la chaire, il s'informa quel était l'inconnu qui avait pris place auprès du premier magistrat : personne que lui ne l'avait vu. Carlostad eut encore nouvelles du spectre, lorsqu'il rentra dans son logis. L'homme noir y était allé, et avait pris par les cheveux le plus jeune et le plus tendrement chéri de ses enfans. Après l'avoir ainsi soulevé de terre, il s'était mis en devoir de le laisser tomber pour lui casser la tête; mais il se contenta d'ordonner à l'enfant d'avertir son père que dans trois jours il reviendrait, et qu'il eut à se tenir prêt. L'enfant, ayant raconté à son père ce qui lui avait été dit, jeta Carlostad dans l'épouvante. Il se mit au lit tout effrayé; et trois jours après, le Diable étant venu, on trouva Carlostad étranglé.

LE DIABLE EXORCISÉ.

On exorcisait un jour, dans une église d'Italie, une jeune fille possédée du Démon. L'esprit de ténèbres, forcé par la conjuration de décamper du poste, déclara que, s'il sortait du corps de la demoiselle, il entrerait par un chemin détourné dans celui d'un Français qui se trouvait là. Cet homme, comprenant à merveille l'intention du Diable, courut tout effrayé vers le bénitier, et s'assit dedans en criant au Démon: *Viens quand tu voudras, je t'ai préparé ta sauce.* On dit que cette brave résolution força l'esprit malin à retourner tout droit aux enfers. (*Voyage en Italie.*)

LES REVENANS DU PALAIS DE VAUVERT.

Saint Louis fut si édifié du récit qu'on lui faisait de la vie austère et silencieuse des disciples de St. Bruno, qu'il en fit venir six, et leur donna une maison, avec des jardins et des vignes, au village de Gentilly. Ces religieux voyaient de leurs fenêtres le palais de Vauvert, bâti par le roi Robert, abandonné par ses successeurs, et dont on pouvait faire un monastère commode et agréable par la proximité de Paris. Le hasard voulut que des esprits ou revenans s'avisèrent de s'emparer de ce vieux château. On y entendait des hurlemens affreux. On y voyait des spectres traînant des chaînes, et entre autres, un monstre vert, avec une grande barbe blanche, moitié homme et moitié serpent, armé d'une grosse massue, et qui semblait toujours prêt à s'élancer la nuit sur les passans. Que faire d'un pareil château? Les chartreux le demandèrent à St. Louis; il le leur donna, avec toutes ses appartenances et dépendances. Les revenans n'y revinrent plus; le nom d'enfer resta seulement à la rue, en mémoire de tout le tapage que les Diables y avaient fait. (SAINT-FOIX. *Essais*.)

HISTOIRE DES BERGERS DE BRIE.

Après l'édit de 1682, pour la punition des maléfices, la race des sorciers diminua sensiblement en France, mais il restait encore, dans la Brie, aux environs de Paris, une malheureuse cabale de bergers, qui faisaient mourir les bestiaux, attentaient à la vie des hommes, à la pudicité des femmes et des filles, commettaient plusieurs autres crimes, et s'étaient rendus formidables à la province : il y en eut enfin d'arrêtés ; le juge de Pacy instruisit leur procès, et par les preuves, il parut évidemment que tous ces maux étaient commis par *maléfices* et *sortiléges*. Les *sorts* ou poisons dont ces malheureux se servaient, pour faire mourir les bestiaux, consistaient dans une composition qu'ils avouèrent au procès, et qui est rapportée dans les factums; mais si remplie de sacriléges, d'impiétés, d'abominations et d'horreurs, qu'on frissonnerait en la lisant. Ils mettaient cette composition dans un pot de terre, et l'enterraient, ou sous le seuil de la porte des étables aux bestiaux, ou dans le chemin par où ils passaient; et tant que ce sort demeurait en ce lieu, ou que celui qui l'avait posé était en vie, la mortalité des bestiaux ne cessait point; c'est ainsi qu'ils s'en expliquèrent dans leurs interrogatoires; et une circonstance fort singulière de leur procès, prouve *victorieusement* qu'il y avait un vrai pacte entre eux et le Diable, pour commettre tous ces maléfices. Voici comment la chose se passa; elle est trop curieuse pour en priver le public.

Ils avouèrent bien, comme il vient d'être observé, d'avoir jeté ces sorts sur les bestiaux du fermier de la terre de Pacy, proche de Brie-Comte-Robert, pour venger l'un d'entre eux, que ce fermier avait chassé et mis hors de son service. Ils firent le récit exact de la composition; mais jamais aucun d'eux ne voulut découvrir le lieu où ils avaient enterré le sort, et on ne savait, après de semblables aveux, d'où pouvait venir cette réticence sur ce dernier fait. Le juge les pressa de s'en expliquer, et ils dirent que, s'ils découvraient ce lieu, et qu'on levât le sort, celui qui l'avait posé mourrait à l'instant.

Enfin, l'un de leurs complices, nommé Etienne Hocque, moins coupable que les autres, et qui n'avait été condamné qu'aux galères, était à la chaîne, dans les prisons de la Tournelle : on gagna un autre forçat, nommé Béatrix, qui était attaché proche de lui. Ce dernier, à qui le seigneur de Pacy avait fait tenir de l'argent, fit un jour tant boire Hocque, qu'il l'enivra, et en cet état, le mit sur le chapitre du sort de Pacy. Il tira de lui le secret qu'il n'y avait qu'un berger, nommé Bras-de-Fer, qui demeurait près de Sens, qui pût lever le sort, par ses conjurations. Béatrix, profitant de ce commencement de confidence, engagea Hocque à écrire une lettre à Nicolas Hocque, son fils, par laquelle il lui mandait d'aller trouver Bras-de-Fer, pour le prier de lever ce sort, et lui défendait surtout de dire à Bras-de-Fer, qu'il fût condamné et emprisonné, ni que c'était lui Hocque, qui avait posé le sort.

Cette lettre écrite, Hocque s'endormit. Mais à son réveil, les fumées du vin étant dissipées, et réfléchissant sur ce qu'il avait fait, il poussa des cris et des hurlemens épouvantables, se plaignant que Béatrix l'avait trompé, et qu'il serait cause de sa mort. Il se jeta en même temps sur lui, et voulut l'étrangler ; ce qui excita même les autres forçats contre Béatrix, par la pitié qu'ils avaient du désespoir de Hocque; en sorte, qu'il fallut que le commandant de la Tournelle vînt, avec ses gardes, pour apaiser ce désordre, et tirer Béatrix de leurs mains.

Cependant la lettre fut envoyée au seigneur, qui la fit remettre à son adresse. Bras-de-Fer vint à Pacy, entra dans les écuries; et, après avoir fait plusieurs figures et des imprécations exécrables, il trouva effectivement le sort qui avait été jeté sur les chevaux et les vaches; il le leva, et le jeta au feu, en présence du fermier et de ses domestiques; mais à l'instant il parut chagrin, témoigna du regret de ce qu'il venait de faire, et dit que le diable lui avait révélé que c'était Hocque, son ami, qui avait posé le sort en cet endroit; et qu'il était mort, à six lieues de Pacy, au moment que ce sort venait d'être levé.

En effet, par les observations qui furent faites au château de la Tournelle, *il y a preuve* qu'au même jour et à la même heure que Bras-de-Fer avait commencé à lever le sort, Hocque, qui était un homme des plus forts et des plus robustes, était mort en un instant dans des convulsions étranges, et se tourmentant comme un possédé, sans vouloir entendre parler de Dieu, ni de confession.

Bras-de-Fer avait été pressé de lever aussi le sort jeté sur les moutons; mais il dit qu'il n'en ferait rien, parce qu'il venait d'apprendre que ce sort avait été posé par les enfans de Hocque, et qu'il ne voulait pas les faire mourir comme leur père. Sur ce refus, le fermier eut recours aux juges du lieu. Bras-de-Fer, les deux fils et la fille de Hocque furent arrêtés avec deux autres bergers, leurs complices, nommés Jardin et le petit Pierre. Leur procès instruit, Bras-de-Fer, Jardin et le petit Pierre, furent condamnés à être pendus et brûlés; et les trois enfans de Hocque bannis pour neuf ans. (LAMARRE.)

ENLÈVEMENT D'UN COMTE DE MACON.

LE comte de Mâcon, homme violent et impie, si l'on en croit Pierre-le-Vénérable, exerçait une espèce de tyrannie contre les ecclésiastiques et contre ce qui leur appartenait, sans se mettre en peine de cacher ou de colorer ses violences.

Un jour qu'il était assis dans son palais, accompagné de quantité de noblesse et de gens d'armes, on y vit entrer un inconnu à cheval, qui s'avança jusqu'auprès du comte, et lui dit: — Suivez-moi, j'ai à vous parler. Le comte se leve et le suit, entraîné par un pouvoir surnaturel. Lorsqu'il arrive à la porte, il y trouve un cheval préparé;

il monte dessus, et aussitôt il est transporté dans les airs, criant, d'une voix terrible, à ceux qui étaient présens : — A moi ! au secours !... Mais bientôt on le perdit de vue, et on ne douta pas que le diable ne l'eût emporté.

LE SPECTRE DE POLYCRITE.

Phlégon raconte dans son livre, entre autres histoires surprenantes, l'anecdote merveilleuse que nous allons rapporter :

Il y avait, en Etolie, un citoyen vénérable, nommé Polycrite, qui fut élu par le peuple gouverneur du pays, à cause de son grand mérite. Comme il remplissait dignement sa charge, elle lui fut prorogée jusqu'à trois ans, pendant lesquels il épousa une dame de Locres. Mais il mourut, la quatrième nuit de ses noces, et laissa sa femme enceinte d'un hermaphrodite, dont elle accoucha au bout de neuf mois.

Les prêtres et les augures, ayant été consultés sur ce prodige, conjecturèrent que les Etoliens et les Locriens auraient guerre ensemble, parce que ce monstre avait les deux natures. On conclut enfin qu'il fallait mener la mère et l'enfant hors des limites d'Etolie, et là les brûler tous deux.

Comme on était prêt à faire cette exécution, le spectre de Polycrite apparut et se mit auprès de son enfant; il était vêtu de noir; tout le peuple effrayé voulut s'enfuir; le fantôme les rappela, leur dit de ne rien craindre, et fit ensuite, d'une voix grêle et basse, un long discours, dans lequel il leur prédit que, s'ils brûlaient sa femme et son fils, ils tomberaient dans des calamités extrêmes. Voyant enfin qu'après ces remontrances, il ne pouvait les dissuader de faire ce qu'ils avaient résolu, il prit son enfant, le mit en pièces et le dévora. Le peuple fit des huées contre lui, et s'arma de pierres pour le chasser. Mais le spectre, insensible à toutes ces insultes, continua de manger son fils, dont il ne laissa que la tête. Puis il disparut.

Ce prodige sembla si effroyable, que quelques-uns proposèrent d'envoyer consulter à ce sujet l'oracle de Delphes; mais la tête de l'enfant, s'étant mise à parler, leur annonça en beaux vers tous les malheurs qui devaient leur arriver dans la suite; et ses prédictions s'accomplirent....

PROPHÉTIE D'UN MAGICIEN.

LE comte de Flandres était entré dans la ligue de l'empereur et du roi d'Angleterre contre la France. La comtesse sa mère, Mahaud de Portugal, inquiète sur le sort de la nouvelle guerre qu'on allait déclarer à la France, eut recours à un moyen qui était alors

plus à la mode que jamais, même parmi les grands. Elle consulta un magicien fameux, qui lui donna cette réponse : « Il y aura une bataille san-
» glante; le roi de France y sera foulé
» aux pieds des chevaux : son corps ne
» sera point enseveli; et après la vic-
» toire, le comte de Flandres entrera
» dans Paris en triomphe. »

La prédiction se vérifia à la lettre; mais dans un sens bien différent de celui qu'elle paraissait avoir. Philippe-Auguste, faisant tout à la fois les fonctions de capitaine et de soldat, et combattant avec une ardeur incroyable, fut atteint d'un javelot, dont les crochets s'engagèrent entre son casque et sa cuirasse. Le soldat allemand qui avait porté ce coup, tirant son javelot de toutes ses forces, entraîna le roi, et le renversa de dessus son cheval. Le monarque se releva aussitôt, et sortit heureusement de ce danger, autant par son adresse que par le courage de ceux qui l'environnaient. Après la victoire, le comte de Flandres, qu'on avait fait prisonnier dans le combat, enchaîné dans une litière ouverte, suivit Philippe-Auguste à son retour dans Paris, et orna l'entrée triomphante du vainqueur.

LE VAMPIRE VULNÉRABLE.

Un homme, nommé Harppe, ordonna à sa femme de le faire enterrer, après sa mort, devant la porte de sa cuisine, afin que de là il pût mieux voir ce qui se passerait dans sa maison. Sa femme exécuta fidèlement ce qu'il lui avait ordonné; et après la mort de Harppe, on le vit souvent dans le voisinage, qui tuait les ouvriers, et molestait tellement les voisins, que personne n'osait plus demeurer dans les maisons qui entouraient la sienne. Un nommé Olaüs Pa fut assez hardi pour attaquer ce spectre; il lui porta un grand coup de lance, et laissa la lance dans la blessure. Le spectre disparut; et le lendemain, Olaüs fit ouvrir le tombeau du mort; il trouva sa lance dans le corps de Harppe, au même endroit où il avait frappé le fantôme. Le cadavre n'était pas corrompu. On le tira de son cercueil, on le brûla, on jeta ses cendres dans la mer; et on fut délivré de ses apparitions. (D. CALMET.)

VOYAGE DE CHARLES-LE-CHAUVE AUX ENFERS.

JE venais de me coucher (dit le roi Charles-le-Chauve, dans un écrit qu'il a laissé de sa main); et j'allais m'endormir, lorsqu'une voix formidable vint frapper mes oreilles : « Charles, » me dit-elle, ton esprit va sortir de » ton corps, tu viendras où je te con- » duirai, et tu verras les jugemens de

» Dieu qui te serviront de leçon ou
» d'avertissement. »

A l'instant, je fus ravi en esprit, et celui qui m'enleva était d'une blancheur éclatante. Il me mit dans la main un peloton de fil, qui jetait une lumière aussi grande que celle d'une comète. Il le développa et me dit : « Prends ce
» fil, et l'attache au pouce de ta main
» droite ; et par son moyen, je te con-
» duirai dans les labyrinthes infer-
» naux, séjours de peine et de souf-
» frances. »

Aussitôt il marcha devant moi, avec une extrême vitesse, mais toujours en dévidant le peloton de fil lumineux. Il me conduisit dans des vallées profondes, remplies de feux, et pleines de puits enflammés, où l'on voyait bouillir de la poix, du soufre, du plomb, de la cire et d'autres matières onctueuses. Je remarquai les prélats qui avaient servi mon père et mes aïeux. Quoique

DES FANTOMES. 63

tremblant, je ne laissai pas de les interroger, pour apprendre d'eux quelle était la cause de leurs tourmens. Ils me répondirent : « Nous avons été les évê-
» ques de votre père et de vos aïeux;
» et au lieu de les porter eux et leurs
» peuples à la paix et à l'union, nous
» avons semé parmi eux la discorde et
» le trouble. C'est pourquoi nous brû-
» lons dans ces souterrains infernaux,
» avec les homicides et les voleurs.
» C'est ici que viendront un jour vos
» évêques, avec les officiers qui vous
» servent, et qui nous imitent dans le
» mal. »

Dans le temps que je considérais ces choses avec effroi, je vis fondre sur moi des démons noirs et hideux qui, avec des crocs de fer brûlant, voulaient m'enlever le peloton de fil. Mais ils en étaient empêchés par la grande lumière que le peloton jetait. Les mêmes démons voulurent me prendre par derrière, et me précipiter dans ces puits de soufre. Mais mon guide sut me débarrasser de leurs pièges, et me conduisit sur de hautes montagnes, d'où sortaient des torrens de feux qui faisaient fondre et bouillir toutes sortes de métaux. Là, je trouvai les âmes des seigneurs qui avaient servi mon père et mes frères. Les uns y étaient plongés jusqu'au menton, et d'autres à mi-corps. Ils s'écrièrent en s'adressant à moi : « Hélas ! Charles, vous voyez » comme nous sommes punis dans ces » torrens enflammés, pour avoir méchamment semé la division et les discordes entre votre père et ses fils. »

Un peu après, je fus assailli par des dragons, dont la gueule ardente cherchait à m'avaler; mais je m'entourai du fil du peloton, et ces pernicieux animaux ne purent me toucher. Nous descendîmes ensuite dans une vallée ténébreuse, remplie de fournaises enflammées. J'y vis des rois de ma race, tourmentés de divers supplices. J'y remarquai aussi deux fontaines d'eau chaude, qui remplissaient continuellement deux tonneaux. Mon père Louis était dans un de ces tonneaux, plongé jusqu'aux cuisses. Il me dit qu'on l'en tirait de temps en temps, pour le porter dans l'autre, qui contenait une eau plus tempérée, et qu'il devait ce soulagement aux prières de St. Pierre, de St. Denis et de St. Rémy; il m'engagea en outre à faire dire des messes, pour le délivrer tout-à-fait du tonneau d'eau bouillante.

Puis il me montra à peu de distance, deux vastes tonneaux d'eau chaude comme la sienne, en me disant qu'ils m'étaient destinés, si je ne faisais pénitence; la frayeur me saisit; et, ce qu'on aura peine à croire, mon esprit rentra dans mon corps, et je revins dans mon lit. (DUCHESNE.)

L'ORACLE DE MOPSUS.

Parmi quelques traits merveilleux, qui ont accrédité les oracles chez les anciens, on peut citer la vision suivante :

Un gouverneur de Cilicie, ayant envoyé consulter l'oracle de Mopsus, qui se rendait à Malles, ville de cette province, celui qui portait le billet s'endormit dans le temple, où il vit en songe un homme fort bien fait, qui lui dit simplement : *Noir*. Le messager porta au gouverneur cette réponse, dont il ignorait le mystère. Ceux qui l'entendirent commencèrent à s'en moquer, ne sachant pas ce que portait le billet; mais le gouverneur, l'ayant ouvert, leur montra ces mots qu'il y avait écrits : *T'immolerai-je un bœuf blanc ou noir ?* On vit par là que l'oracle avait répondu à sa demande, sans ouvrir le billet.

FUNÉRAILLES D'UN DAMNÉ.

Raymond Diocrés, chanoine de Notre-Dame de Paris, mourut en odeur de sainteté, vers l'an 1084. Son corps ayant été porté dans le chœur de cette cathédrale, il leva la tête hors du cercueil, à ces mots de l'office des morts : *Responde mihi quantas habes iniquitates,* etc., et dit : *Justo judicio Dei accusatus sum.* (j'ai été cité devant le juste jugement de Dieu.) Les assistans, effrayés, discontinuèrent le service, et le remirent au lendemain. En attendant, le corps du chanoine fut déposé dans une chapelle de Notre-Dame, qu'on appelle depuis *la chapelle du damné*.

Le lendemain, on recommença l'office ; et lorsqu'on fut au même verset, le mort parla de nouveau, et dit : *Justo Dei judicio judicatus sum.* (j'ai été jugé au juste jugement de Dieu.)

On remit encore l'office au jour suivant, et au même verset, le mort dit : *Justo Dei judicio condemnatus sum.* (j'ai été condamné au juste jugement de Dieu.) Là-dessus, dit la chronique, on jeta le corps à la voirie; et ce miracle fut cause, selon quelques-uns, de la retraite de St. Bruno qui s'y trouvait présent.

Quoique cette anecdote ne soit pas *très-authentique* la peinture s'en est emparée, et on peut la voir dans les tableaux qui représentent la vie de St. Bruno.

L'ESPRIT CITÉ EN JUSTICE.

En 1761, un fermier de Southams, dans le comté de Warwick, en Angleterre, fut assassiné en revenant chez lui. Le lendemain, un voisin vint trouver la femme de ce fermier, et lui demanda si son mari était rentré, le soir précédent ; elle répondit que non, et qu'elle en était dans de grandes inquiétudes. Vos inquiétudes, répliqua cet homme, ne peuvent égaler les miennes ; car, comme j'étais couché cette nuit, sans être encore endormi, votre mari m'est apparu, couvert de blessures, et m'a dit qu'il avait été assassiné par son ami John, et que son cadavre avait été jeté dans une marnière.

La fermière alarmée fit des perquisitions ; on découvrit la marnière, et l'on y trouva le corps, blessé aux endroits que cet homme avait désignés. Celui que le revenant avait accusé fut saisi et mis entre les mains des juges, comme violemment soupçonné de meurtre. Son procès fut instruit à Warwick ; et les jurés l'auraient condamné, aussi témérairement que le juge de paix l'avait arrêté, si lord

Raymond, le principal juge, n'avait suspendu l'arrêt.

« Messieurs, dit-il aux jurés, je crois que vous donnez plus de poids au témoignage d'un revenant qu'il n'en mérite. Quelque cas qu'on fasse de ces sortes d'histoires, nous n'avons aucun droit de suivre nos inclinations particulières sur ce point. Nous formons un tribunal de justice, et nous devons nous régler sur la loi; or je ne connais aucune loi existante, qui admette le témoignage d'un revenant; et quand il y en aurait une qui l'admettrait, le revenant ne paraît pas pour faire sa déposition. Huissiers, ajouta-t-il, appelez le revenant; (ce que l'huissier fit par trois fois, sans que le revenant parût). Messieurs, le prisonnier qui est à la barre est, suivant le témoignage de gens irréprochables, d'une réputation sans tache; et il n'a point paru, dans le cours des informations, qu'il y ait eu aucune espèce de querelle, entre lui et le mort. Je le crois absolument innocent ; et, comme il n'y a aucune preuve contre lui, ni directe, ni indirecte, il doit être renvoyé. Mais, par plusieurs circonstances qui m'ont frappé dans le procès, je soupçonne fortement la personne qui a vu le revenant, d'être le meurtrier, auquel cas il n'est pas difficile de concevoir qu'il ait pu désigner la place des blessures, la manière et le reste, sans aucun secours surnaturel : en conséquence de ces soupçons, je me crois en droit de le faire arrêter, jusqu'à ce que l'on fasse de plus amples informations. »

Cet homme fut effectivement arrêté ; on fit des perquisitions dans sa maison ; on trouva les preuves de son crime, qu'il avoua lui-même à la fin ; et il fut exécuté aux assises suivantes.

LE FANTOME DU RUBICON.

Jules César, étant entré en Italie, et voulant passer le Rubicon, aperçut un homme d'une taille au-dessus de l'ordinaire, qui se mit à siffler. Plusieurs soldats étant accourus pour l'entendre, le spectre saisit la trompette de l'un d'eux, et commença à sonner l'alarme, et à passer le fleuve. En ce moment, et sans délibérer davantage, César s'écria : Allons où les présages des dieux et l'injustice des hommes nous appellent !... (Suétone.)

AVENTURE DU JEUNE CLARUS.

Un jeune homme de grande condition, nommé Clarus, s'étant donné à Dieu dans un monastère, se persuada qu'il avait commerce avec les anges; il en parla dans le couvent; et, comme les frères refusaient de le croire, il prédit que la nuit suivante, Dieu lui enverrait une robe blanche, avec laquelle il paraîtrait au milieu d'eux.

En effet, vers minuit, tout le monastère fut ébranlé; la cellule du jeune homme parut brillante de lumière; et on entendit le bruit de plusieurs personnes qui allaient, venaient et parlaient entre elles, sans qu'on pût les voir. Alors Clarus sortit de sa cellule, et montra aux frères la tunique dont il était vêtu; c'était une étoffe d'une blancheur admirable, et d'une finesse si extraordinaire, qu'on n'avait jamais rien vu de semblable, et que personne n'en connaissait le tissu.

On passa le reste de la nuit à chanter des psaumes en action de grâces; ensuite on voulut conduire le jeune homme en présence du saint évêque Martin. Clarus s'y opposa tant qu'il put, disant que les anges le lui avaient expressément défendu; mais on ne l'écouta point; et comme on l'y conduisait, malgré sa résistance, la tunique disparut aux yeux des assistans; ce qui fit juger que tout cela n'était qu'une illusion de l'esprit de ténèbres. (*Choix d'Histoires saintes.*)

LE DIABLE VALET-DE-CHAMBRE.

SAINT GRÉGOIRE le Grand rapporte qu'un prêtre de la province de Vallerie, nommé Etienne, vénérable par ses bonnes mœurs, étant un jour revenu chez lui, après un voyage, parla à son valet, d'une manière assez négligée, en lui disant: *Viens, bon diable, déchausse-moi.*

Aussitôt la chaussure du prêtre commença à se défaire, ensorte qu'il paraissait évidemment que le diable qu'il avait appelé était venu lui obéir en lui tirant ses guêtres; ce qui le surprit si fort, qu'il se mit à crier à haute voix : « Retire-toi, misérable, » retire-toi; car ce n'est point à toi, » mais à mon valet que j'ai parlé. » Le diable se retira sur-le-champ, et le valet vint achever d'ôter la chaussure à moitié défaite.

Cela fait voir combien il est imprudent d'appeler celui qu'on ne veut pas connaître, et qui est si pressé d'accourir!...

HISTOIRE D'URBAIN GRANDIER.

Le couvent des Ursulines, établi à Loudun, en 1626, se trouva bientôt après hanté par des lutins et des mauvais esprits. Plusieurs religieuses déclarèrent qu'elles étaient possédées; elles l'avouèrent à Jean Mignon, leur directeur, qui résolut de faire tourner cette possession à la gloire de Dieu, et d'en profiter pour se défaire d'Urbain Grandier, curé de Saint-Pierre de Loudun. C'était un prêtre de bonne famille, homme d'esprit, bien fait, éloquent, et qui réunissait en sa personne tous les agrémens de la nature. Il avait gagné l'estime des dames, par des manières polies qui le distinguaient de tous les ecclésiastiques du pays. Il choquait tous les moines, en prêchant contre les confrairies; il avait eu un procès avec Barot, président de l'élection, Trinquant, procureur du roi, et leur neveu Mignon, confesseur des Ursulines.

Ces trois ennemis ligués lui en suscitèrent d'autres; ils accusèrent Grandier d'avoir causé la possession des religieuses, par les ressorts de la magie: l'évêque de Poitiers le condamna sans l'entendre; mais Grandier vint à bout de ses accusateurs, et se fit absoudre par le parlement de Paris.

Cependant Mignon ne perdit pas

courage; les convulsions des possédées devenaient plus fortes de jour en jour; et bientôt elles furent en état d'étonner le public : alors on avertit les magistrats de la pitoyable situation des religieuses. La supérieure, qui était une des plus belles femmes de France, se trouvait possédée, disait-on, de plusieurs démons, dont le chef était Astaroth; le diable Zabulon s'était emparé d'une sœur Laye, et d'autres malins esprits faisaient de grands ravages dans le reste du couvent.....

Le bailli, le procureur du roi, le corps des juges et le clergé se rendirent sur les lieux. A leur approche, la supérieure se mit à faire plusieurs contorsions, et des cris qui approchaient de ceux d'un petit pourceau. Mignon lui mit les doigts dans la bouche, et commença à conjurer les démons.

Les interrogatoires se firent en latin, selon la coutume. Mignon fit d'abord cette question au diable Astaroth : — Par quel pacte es-tu entré dans le corps de cette religieuse? — Par des fleurs, répondit-il. — Quelles fleurs ? — Des roses. — Qui les a envoyées ? — (*Après un moment d'hésitation*) Urbain..... — Quel est son autre nom?.... — Grandier.... — Quel est sa qualité? — Il est prêtre. — De quelle église? — De Saint-Pierre de Loudun. — Qui a apporté les roses? — Un diable déguisé, etc.

Un autre jour, la supérieure fut mise sur un petit lit près de l'autel; et pendant qu'on disait la messe, elle fit de grandes contorsions. Le sacrifice achevé, Barré (curé de Saint-Jacques de Chinon, homme atrabilaire, et qui s'imaginait être saint) s'approcha d'elle, tenant le Saint-Sacrement, obligea le diable de l'adorer, et lui dit: *Quem adoras* (qui adores-tu)? — *Jesus-Christus*, répliqua-t-elle.. Quelqu'un entendant ce solécisme, dit assez haut : *Voilà un diable qui n'est pas congru!.....* Barré changea la phrase, pour la faire répondre mieux, mais elle se trompa encore plus lourdement, et les assistans s'écrièrent : *Ce diable-là ne sait pas parler latin.* Barré soutint qu'on n'avait pas bien entendu, et demanda ensuite à une autre religieuse, qui disait qu'Asmodée s'était emparé d'elle, combien ce diable avait de compagnons ? Elle répondit : *sex* (six). Quelqu'un lui demandant de répéter la même chose en grec, elle ne put rien répondre.

On voulut voir si la sœur Laye parlait mieux. Quand on l'eut mise sur le petit lit, elle prononça d'abord en riant, *Grandier, Grandier*; et après plusieurs mouvemens qui firent horreur, étant conjurée de dire le démon qui la possédait, elle nomma premièrement *Grandier*, et enfin le démon

Elimi. Mais elle ne voulut point déclarer combien elle en avait dans le corps; et, comme le diable se trompa encore plusieurs fois, on suspendit quelque temps les exorcismes.

Lorsque les démons eurent mieux appris leur rôle, on annonça qu'on ferait sortir deux diables, un certain jour; mais le tout se passa fort mal; de sorte que l'autorité fit cesser la possession.

Mignon, résolu de mourir plutôt que d'abandonner ses projets, alla trouver M. de Laubardemont, conseiller d'état, qui se trouvait alors dans le pays. De concert avec tous ceux de son parti, il accusa Grandier d'un pamphlet qui venait de paraître sous l'anonyme, contre le ministère de Richelieu.

Laubardemont parut écouter ces plaintes; et aussitôt tous les diables revinrent au couvent, accompagnés de plusieurs autres.

Laubardemont, trouvant dans cette intrigue de quoi faire sa cour à l'éminence, se hâta d'aller à Paris, et en revint bientôt avec plein-pouvoir d'agir contre Grandier. Il l'envoya donc, sans aucune information, dans le château d'Angers, et fit commencer la procédure. Les exorcistes, à qui on avait donné des pensions considérables, s'efforcèrent de les bien gagner, en travaillant avec vigueur.

Le 20 mai 1633, on demanda à la prieure de quels démons elle était possédée? Elle répondit qu'elle logeait chez elle Asmodée, Gresil et Aman; mais elle ne parla plus d'Astaroth. On voulut savoir encore sous quelle forme les démons entraient chez elle? — En chat, répliqua-t-elle, en chien, en cerf et en bouc..... On avait promis que ces trois diables sortiraient ce jour-là du corps de la supérieure, à la vue de tout le monde, mais on ne put les forcer à déloger; et plusieurs des assistans se plaignirent qu'on leur manquât de parole. Laubardemont, pour apaiser les murmures, défendit par un décret de mal parler d'une possession aussi authentique.

Alors un des exorcistes produisit contre Grandier une copie de la cédule qu'il avait donnée au diable, en faisant pacte avec lui. Ce religieux avait eu assez de crédit pour se la faire apporter par un démon, intime ami du garde des archives des enfers. Ce contrat horrible était écrit d'un style tout-à-fait infernal. Quoique Grandier protestât qu'il ne connaissait ni ce pacte, ni aucun autre, on lui soutint qu'il l'avait déposé entre les mains de Lucifer, dans une assemblée du sabbat.

Enfin, malgré toutes les irrégularités de la procédure, et quoique deux religieuses eussent demandé pardon en public d'avoir joué les possédées, pour perdre un innocent, on déclara la possession incontestable et bien avérée.

C'est pourquoi, sur la déposition d'Astaroth, démon de l'ordre des Séraphins et chef des diables possédans; après avoir entendu Easas, Cham, Acaos, Zabulon, Nephtalim, Chaïm, Uriel et Achas, tous diables de l'ordre des principautés, qui parlaient par l'organe des religieuses démoniaques:

Urbain Grandier fut déclaré atteint et convaincu des crimes de magie, maléfice et possessions, arrivés par son fait au couvent des Ursulines de Loudun; et pour la réparation de ces crimes, il fut condamné à faire amende honorable, à être brûlé vif, et ses cendres jetées au vent.

A peine l'arrêt fut-il rendu, qu'on envoya un chirurgien dans la prison de Grandier, avec ordre de le raser à la tête, au visage, dans tout le reste du corps, et de lui ôter les ongles, pour voir s'il ne portait pas quelque marque du diable. On le revêtit après cela d'un méchant habit, et on le conduisit en cet état au palais de Loudun, où se trouvaient rassemblés tous les juges, avec une foule de spectateurs.

Le père Lactance et un autre moine exorcisèrent l'air, la terre, le patient lui-même, et enjoignirent aux diables de quitter sa personne. Ensuite Grandier se mit à genoux et entendit la lecture de son arrêt, avec une constance qui étonna tout le monde. Il reçut aussitôt la question, qui fut horrible et tellement cruelle, qu'on ne peut en lire les détails. Comme il protestait toujours de son innocence, on le conduisit sur-le-champ au supplice, qu'il souffrit avec une constance inébranlable.

On lui avait promis deux choses, qu'on ne lui tint point : la première, qu'il parlerait au peuple; la seconde, qu'on l'étranglerait; mais toutes les fois qu'il voulut ouvrir la bouche, les exorcistes lui jetaient une si grande quantité d'eau-bénite sur le visage, qu'il en était accablé.

Un d'entre eux, sans attendre l'ordre du bourreau, alluma une torche de paille, pour mettre le feu au bûcher sur lequel il était attaché à un cercle de fer; un autre noua la corde, de façon qu'on ne put la tirer pour l'étrangler. « Ah! père Lactance, s'écria » Grandier, ce n'est pas-là ce qu'on » m'avait promis. Il y a un Dieu au » ciel qui sera mon juge et le tien; je » t'assigne à comparaître devant lui, » dans un mois.... »

Pour l'empêcher d'en dire davantage, ils lui jetèrent au visage ce qu'ils avaient d'eau-bénite dans le bénitier, et se retirèrent, parce que le feu qui le brûla vif commençait à les incommoder.

Une troupe de pigeons vint voltiger sur le bûcher, sans être épouvantée par les hallebardes, dont on commandait aux archers de frapper l'air, pour les faire fuir, ni par le bruit que firent les spectateurs, en les voyant revenir plusieurs fois. Les partisans de la possession s'écrièrent que c'était une troupe de démons, qui venaient tâcher de secourir le magicien : d'autres dirent que ces innocentes colombes venaient, au défaut des hommes, rendre témoignage à l'innocence du patient.

Enfin, il arriva qu'une grosse mouche vola en bourdonnant autour de sa tête. Un moine qui avait lu dans un concile, que les diables se trouvaient toujours à la mort des hommes, pour les tenter, et qui avait entendu dire que Belzébuth signifiait en hébreu *le Dieu des mouches*, cria tout aussitôt, que c'était le diable Belzébuth qui volait autour de Grandier, pour emporter son âme en enfer....

Après la mort de Grandier, les diables se retirèrent peu à peu. Une fille nommée Elisabeth Blanchard avait, pour sa part, six démons assez adroits, que l'on parvint pourtant à expulser.

Le père Lactance chassa pareillement quelques-uns des principaux diables qui possédaient la prieure; mais il en restait encore quatre, qu'il se proposait de bien exorciser, lorsqu'il tomba malade, et mourut dans des crises de rage, un mois après Grandier, le jour de l'assignation donnée par le patient sur le bûcher. Tous les autres exorcistes eurent une fin aussi malheureuse.

On confia aux jésuites la conduite de la possession, que Richelieu fit bientôt cesser, en retranchant les pensions des exorcistes et des religieuses possédées. Il est vrai que Léviathan, Isacaron, Balaam et Béhémoth, les quatre diables de la supérieure avaient délogé, et qu'il ne restait plus de farce bien importante à jouer. (Tiré du *véritable P. Joseph*, et de *l'Histoire des diables de Loudun*.)

L'ESPRIT OBLIGEANT.

L'AN 1210, un bourgeois d'Epinal, nommé Hugues, fut visité par un esprit, qui faisait des choses tout-à-fait merveilleuses, et qui parlait à tout le monde, sans se montrer.

On lui demanda un jour son nom, et de quel lieu il venait? Il répondit qu'il était l'esprit d'un jeune homme de Clésentine, village à sept lieues d'Epinal ; que sa femme vivait encore, et qu'il l'avait abandonnée, parce qu'elle avait eu trop de familiarité avec son curé.

Un autre jour, Hugues ayant ordonné à son valet de seller son cheval, et de lui donner à manger, le valet différa de faire ce qu'on lui commandait, parce qu'il s'occupait d'autre chose. Dans l'intervalle, l'esprit fit son ouvrage, au grand étonnement de tout le monde.

Un autre jour, Hugues, voulant se faire saigner, dit à sa fille de préparer des bandelettes. L'esprit alla aussitôt prendre une chemise neuve dans une autre chambre, la déchira par bandes, et vint ensuite la présenter au maître, en lui disant de choisir les meilleures.

Un autre jour, la servante du logis ayant étendu du linge dans le jardin, pour le faire sécher, l'esprit le porta au grenier, et le plia plus proprement que n'aurait pu faire la plus habile blanchisseuse.

Ce qui est fort remarquable, c'est que, pendant six mois qu'il fréquenta cette maison, il n'y fit aucun mal à personne, et ne rendit que de bons offices, contre l'ordinaire de ceux de son espèce. (*Rap. par* D. CALMET.)

LA REINE BAZINE.

LA fameuse Bazine, qui épousa Childéric, notre quatrième roi, et qui fut mère du grand Clovis, est représentée par les vieux historiens comme une habile magicienne.

Le soir de ses noces, lorsqu'elle fut seule avec Childéric, dans le lit nuptial, elle pria son nouvel époux de passer la première nuit dans une entière continence; et lui dit de se lever, d'aller à la porte de son palais, et de lui dire ce qu'il y aurait vu. Childéric regardant cet avis comme quelque chose de très-respectable, parce qu'il lui paraissait mystérieux, s'y conforma, sortit, et ne fut pas plutôt dehors qu'il vit d'énormes animaux se promener dans la cour; c'étaient des léopards, des licornes et des lions.

Étonné de ce spectacle, il vint aussitôt en rendre compte à son épouse. Elle lui dit, du ton d'oracle qu'elle avait pris d'abord, de ne point s'effrayer, et de retourner encore une seconde et même une troisième fois. Il retourna, et vit, la seconde fois, des loups et des ours; et la troisième, des chiens et d'autres petits animaux, qui s'entre-déchiraient.

Il était bien naturel que Childéric demandât à la reine l'explication de ces visions prodigieuses; car quelle apparence qu'une princesse aussi raisonnable que Bazine, ne l'eût fait sortir trois fois que pour l'épouvanter ? « Vous serez instruit, lui dit-elle, » mais, pour cela, il faut passer le » reste de la nuit sagement; et, au » point du jour, vous saurez ce que » vous voulez apprendre. »

Childéric promit ce que sa femme exigeait, et tint parole; la reine la lui tint aussi. Ce fut en ces termes qu'elle lui développa l'énigme :

« Cher époux, dit-elle, n'ayez point
» d'inquiétude, et écoutez attentive-
» ment ce que je vais vous dire. Les
» prodiges que vous avez vus sont une
» image de l'avenir; ils représentent
» les mœurs et le caractère de toute
» notre postérité. Les lions et les li-
» cornes désignent le fils qui naîtra de
» nous; les loups et les ours sont ses
» enfans, princes vigoureux et avides
» de proie; et les chiens, animaux
» aveuglément livrés à leurs passions,
» désignent les derniers rois de votre
» race. Ces petits animaux que vous
» avez vus avec les chiens, c'est le
» peuple, indocile au joug de ses
» maîtres, soulevé contre ses rois, li-
» vré aux passions des grands, et mal-
» heureuse victime des uns et des
» autres. »

DES FANTOMES. 93

On ne pouvait pas mieux caractériser les rois de cette première race, et si la vision n'est qu'un conte, il est assez bien imaginé. (*Hist. des Reines de France.*)

LE SPECTRE D'ATHÈNES.

Il y avait à Athènes une fort belle maison, où personne n'osait demeurer, à cause d'un spectre qui y apparaissait la nuit. Le philosophe Athénodore étant arrivé dans cette ville, vit la maison; ne s'effraya point de ce qu'on en disait, et l'acheta.

La première nuit qu'il l'habita, étant occupé à écrire, il entendit tout-à-coup un bruit épouvantable, produit par des chaînes, qu'on traînait pesamment, et aperçut en même temps un vieillard hideux, chargé de fers, qui s'approchait de lui. Il continua d'écrire. Le spectre lui fit signe de le suivre; le philosophe répondit, par un autre signe, qu'il le priait d'attendre un instant; et se remit à son travail.

Le spectre s'approcha là-dessus, et fit retentir, aux oreilles d'Athénodore, le bruit de ses chaînes; alors le philosophe, fatigué de ces importunités, prit sa lumière et le suivit. Ils arrivèrent ensemble dans la cour, où le fantôme disparaissant, rentra dans la terre.....

Athénodore, sans s'effrayer, arracha une poignée de gazon, pour reconnaître le lieu, et regagna sa chambre.

Le lendemain, il fit part aux magistrats de ce qui lui était arrivé; on fouilla dans l'endroit indiqué : on y trouva les os d'un cadavre, chargé de chaînes; on lui rendit publiquement les honneurs de la sépulture; et depuis, la maison fut tranquille. (PLINE.)

AVENTURE DU CARDINAL DE RETZ.

Le cardinal de Retz, n'étant encore qu'abbé, avait fait la partie de passer une soirée à Saint-Cloud, dans la maison de l'archevêque de Paris, son oncle, avec Mme et Mlle de Vendôme, Mme de Choisi, le vicomte de Turenne, l'évêque de Lisieux, et MM. de Brion et Voiture. On s'amusa tant, que la compagnie ne put s'en retourner que très-tard à Paris. La petite pointe du jour commençait à paraître, (on était alors dans les plus grands jours d'été), quand on fut au bas de la descente des Bons-Hommes; justement au pied, le carrosse s'arrêta tout court.

»Comme j'étais à l'une des portières, avec Mlle de Vendôme (dit le cardinal dans ses *Mémoires*), je demandai au cocher pourquoi il arrêtait? Il me répondit avec une voix tremblante :

— Voulez-vous que je passe par-dessus tous les diables qui sont-là, devant moi?... Je mis la tête hors de la portière; et, comme j'ai toujours eu la vue fort basse, je ne vis rien. Mme de Choisi, qui était à l'autre portière, avec M. de Turenne, fut la première qui aperçut, du carrosse, la cause de la frayeur du cocher; je dis, du carrosse, car cinq ou six laquais, qui étaient derrière, criaient : *Jésus-Maria !* et tremblaient déjà de peur.

» M. de Turenne se jeta en bas du carrosse, aux cris de Mme de Choisi. Je crus que c'étaient des voleurs, je sautai aussitôt hors du carrosse; je pris l'épée d'un laquais, je la tirai, et j'allai joindre de l'autre côté M. de Turenne, que je trouvai, regardant fixement quelque chose que je ne voyais point. Je lui demandai ce qu'il regardait, et il me répondit, en me poussant du bras, et assez bas, je vous le dirai; mais il ne faut pas épouvanter ces dames, qui, dans la vérité, hurlaient plutôt qu'elles ne criaient.

Voiture commença un *oremus*; Mme de Choisi poussait des cris aigus; Mlle de Vendôme disait son chapelet; Mme de Vendôme voulait se confesser à M. de Lisieux, qui lui disait : Ma fille! n'ayez point de peur, vous êtes en la main de Dieu. Le comte de Brion avait entonné bien tristement, avec nos laquais, les litanies de la Vierge. Tout cela se passa, comme on peut se l'imaginer, en même temps et en moins de rien.

M. de Turenne, qui avait une petite épée à son côté, l'avait aussi tirée, et, après avoir regardé un peu, comme je l'ai déjà dit, il se tourna vers moi, de l'air dont il eût demandé son dîner, et de l'air dont il eût donné une bataille, et me dit ces paroles : *Allons voir ces gens-là!* Quelles gens, lui répartis-je? Et, dans la vérité, je croyais que tout le monde avait perdu le sens. Il me répondit : Effectivement, je crois que ce pourrait bien être des diables.....

Comme nous avions déjà fait cinq ou six pas du côté de la Savonnerie, et que nous étions, par conséquent, plus proches du spectacle, je commençai à entrevoir quelque chose; et ce qui m'en parut, fut une longue procession de fantômes noirs, qui me donna d'abord plus d'émotion qu'elle n'en avait donnée à M. de Turenne; mais qui, par la réflexion que je fis, que j'avais long-temps cherché des esprits, et qu'apparemment j'en trouvais en ce lieu, me fit faire deux ou trois sauts vers la procession. Les gens du carrosse, nous croyant aux mains avec tous les diables, firent un grand cri. Mais les pauvres Augustins-Déchaussés, que l'on appelle Capucins noirs, et qui étaient nos diables d'imagination, voyant venir à eux deux hommes qui avaient l'épée à la main, eurent encore plus de peur. L'un d'eux se détachant de la troupe, nous cria : Messieurs, nous sommes de pauvres religieux, qui ne faisons de mal à personne, et qui venons nous rafraîchir un peu dans la rivière, pour notre santé.

Nous retournâmes au carrosse, M. de Turenne et moi, avec des éclats de rire, que l'on peut s'imaginer.

MACHATES ET PHILINNION.

Phlégon raconte (dans le fragment qui nous reste de son livre), qu'à Tralles, en Asie, un jeune homme, nommé Machates, entretenait depuis quelque temps un commerce d'amour avec Philinnion, fille de Démostrate et de Charito, sans que les parens en fussent instruits. Cette jeune fille étant morte, et mise dans le tombeau, à l'insçu de son amant, continua de venir passer la nuit avec lui; et voulant sans doute resserrer les liens d'un amour que la tombe aurait dû éteindre, elle lui donna un anneau d'or qu'elle avait au doigt, et une bandelette de lin qui lui couvrait l'estomac. Elle reçut en retour, de Machates, un anneau de fer et une coupe dorée.

Mais un soir, la nourrice de Philinnion, l'ayant aperçue assise auprès de Machates, courut en donner avis à Charito, qui, après avoir fait beaucoup de difficultés, vint enfin à la maison du jeune homme; et comme il était fort tard, et que tout le monde était couché, elle ne put contenter sa curiosité. Toutefois, en regardant par une fenêtre, elle crut entrevoir sa fille couchée auprès de Machates, et reconnut ses habits. Elle revint le lendemain matin; mais s'étant égarée en chemin, elle ne trouva plus sa fille, qui s'était déjà retirée. Machates lui raconta toute la chose, et pour preuve de ce qu'il disait, il ouvrit sa cassette et lui montra l'anneau d'or que Philinnion lui avait donné, avec la bande dont elle se couvrait le sein.

Charito, ne pouvant plus douter de la vérité du fait, s'abandonna aux cris et aux larmes, mais comme on promit de l'avertir la nuit suivante, quand Philinnion reviendrait, elle s'en retourna chez elle. Le soir, la jeune fille revint à son ordinaire; et Machates, sans lui en rien dire, envoya aussitôt avertir ses parens; car il commençait à craindre qu'une autre personne n'eût pris les habits de Philinnion, dans son sépulcre, pour lui faire illusion.

Démostrate et Charito étant arrivés reconnurent leur fille, et coururent l'embrasser. Mais elle s'écria : « Mon

» père, et vous ma mère, pourquoi
» m'avez-vous envié mon bonheur, en
» m'empêchant de demeurer encore
» trois jours avec Machates, sans cau-
» ser de gêne à personne. Votre curio-
» sité vous coûtera cher.... » En même
temps elle tomba roide morte sur le
lit.

Phlégon, qui avait quelqu'autorité
dans la ville, arrêta la foule, et empêcha le tumulte. Le lendemain, le
peuple étant assemblé au théâtre, on
convint d'aller visiter le caveau où
reposait le corps de Philinnion; mais
on n'y trouva que l'anneau de fer et la
coupe dorée que Machates lui avait
donnés. On enterra donc une seconde
fois la fille de Démostrate; et Machates,
désespéré d'avoir reçu les faveurs d'un
spectre, se donna la mort.

LE LOUP-GAROU.

Un paysan d'Alsace s'était donné au diable, qui le transformait en loup, une fois par semaine. A la faveur de ce déguisement, le sorcier commit tant de désordres, qu'on fut obligé de faire venir un fameux exorciste de Besançon. Le prêtre, ayant forcé le diable à paraître, lui demanda le nom du loup-garou; car on le soupçonnait sans le connaître. L'ange de ténèbres se contenta de l'indiquer, et disparut.

L'exorciste, qui était un homme sage, épia le sorcier, et l'arrêta pendant la nuit, courant au sabbat, sous sa forme de loup; mais il se débattait si violemment, que le prêtre, tremblant qu'il ne lui échappât, lui coupa la patte qui se trouva être une main d'homme.

On alla le lendemain visiter le paysan soupçonné, qu'on trouva au lit; son bras était enveloppé. On le visita, et on s'aperçut qu'il n'avait plus de main droite. Il n'en fallut pas davantage pour confirmer les soupçons. On condamna donc le sorcier à être brûlé vif; mais pendant qu'on mettait le feu au bûcher, le diable parut auprès de lui, l'emporta à la vue de tout le monde; et le conte ajoute qu'on ne vit plus de loups-garous dans le village.

TRAITEMENT DU VAMPIRISME.

Lorsque nous étions en quartier d'hiver, chez les Valaques, (dit M. de l'Isle de St.-Michel, dans ses Lettres), deux cavaliers de la compagnie dont j'étais cornette, moururent de vampirisme; et plusieurs qui en étaient encore attaqués en seraient morts de même, si un sous-officier de notre compagnie n'avait fait cesser la maladie, en exécutant le remède que les gens du pays emploient pour cela. Il est des plus particuliers; et quoique infaillible, je ne l'ai jamais lu dans aucun rituel. Le voici :

On choisit un jeune garçon, qui n'ait pas encore atteint l'âge de puberté; on le fait monter à poil sur un jeune cheval absolument noir; on le fait promener dans le cimetière, et passer sur toutes les fosses. Celle où l'animal refuse de passer, malgré les coups de cravache qu'on lui donne sans ménagement, est réputée remplie d'un vampire. On ouvre cette fosse, et l'on y trouve un cadavre, aussi gras et aussi beau que si c'était un homme heureusement et tranquillement endormi. On coupe le cou à ce cadavre d'un coup de bêche; et le sang coule frais et vermeil. Cela fait, on comble la fosse; et on peut compter que la maladie cesse, et que tous ceux qui en étaient attaqués recouvrent leurs forces peu à peu.

C'est ce qui arriva à nos cavaliers. Leur guérison fut complète, et le vampirisme ne se montra plus (1).

~~~~~~

LE FANTOME DE L'ISLE-ADAM.

En 1750, un officier du prince de Conti, étant couché dans le château de l'Ile-Adam, sentit tout à coup enlever sa couverture. Il la retire; on renouvelle le manège; tant qu'à la fin l'officier ennuyé jure d'exterminer le mauvais plaisant, met l'épée à la main, cherche dans tous les coins et ne trouve rien.

Etonné, mais brave, il veut, avant de conter son aventure, éprouver en-

---

(1) On sait que l'imagination entrait pour beaucoup dans ces sortes de maladies.

core le lendemain si l'importun reviendra. Il s'enferme avec soin, se couche, écoute long-temps, et finit par s'endormir. Alors on lui joue le même tour que la veille. Il s'élance du lit, renouvelle ses menaces, et perd son temps en recherches. La crainte s'empare de lui; il appelle un frotteur, qu'il prie de coucher dans sa chambre, sans lui dire pour quel motif; mais l'esprit ne reparaît plus.

La nuit suivante, il se fait encore accompagner du frotteur, à qui il raconte ce qui lui est arrivé; et ils se couchent tous deux en tremblant. Le fantôme vient bientôt, éteint la chandelle qu'ils avaient laissée allumée, les découvre et s'enfuit. Comme ils avaient entrevu cependant un monstre difforme, hideux, et gambadant, le frotteur s'écria que c'était le Diable, et courut chercher de l'eau bénite. Mais au moment qu'il levait le goupillon, pour asperger la chambre, le Diable le lui enlève et disparaît......

Les deux champions poussent de grands cris : tout le monde accourt ; on passe la nuit en alarmes ; et le lendemain matin, on aperçoit sur le toit de la maison, un gros singe qui, armé du goupillon, le plongeait dans l'eau de la gouttière, et en arrosait les passans.

PRODIGES DU SIÉGE DE JÉRUSALEM.

Avant la destruction de Jérusalem par Titus, fils de Vespasien, on distingua une éclipse de lune, pendant douze nuits de suite. Un soir, vers le coucher du soleil, on aperçut dans l'air des chariots de guerre, des cavaliers, des cohortes de gens armés qui, mêlés aux nuages, couvraient toute la ville et l'environnaient de leurs bataillons. Pendant le siége, et peu de jours avant la ruine de la ville, on vit tout à coup paraître un homme absolument inconnu, qui se mit à parcourir les rues et les places publiques, en criant sans cesse pendant trois jours et trois nuits : *Malheur à toi, Jérusalem!* On le fit battre de verges, on le déchira de coups, pour lui faire dire d'où il sortait ; mais sans pousser une seule plainte, sans répondre un seul mot, sans donner le moindre témoignage de souffrance, il criait toujours : *Malheur à toi, Jérusalem!* Enfin, le troisième jour, à la même heure où il avait paru la première fois, se trouvant sur le rempart, il s'écria : *Malheur à moi-même!* Et un instant après, il fut écrasé par une pierre que lançaient les assiégeans. (*Histoire des juifs.*)

VISION DE VÉTIN.

Un moine d'Augie-la-Riche, nommé Vétin, étant malade et bien éveillé sur son lit, vit entrer un démon sous la forme d'une clerc, d'un horrible difformité, qui, lui montrant des instrumens de supplice qu'il tenait en main, le menaça de lui en faire bientôt ressentir les effets. En même temps il aperçut une multitude de mauvais esprits, portant un cercueil, où ils voulaient l'enfermer ; mais des personnages graves, vêtus en religieux, survinrent et mirent les démons en fuite.

Après cela, Vétin vit un ange environné de lumières, qui lui prit la main et le conduisit par un chemin très-agréable, entre des montagnes d'une hauteur extraordinaire, au pied desquelles coulait un grand fleuve où gémissaient une multitude de damnés, qui souffraient divers tourmens, selon l'énormité de leurs crimes. Il en vit plusieurs de sa connaissance, entre autres des prêtres, qui brûlaient à petit feu, avec les femmes qui avaient été leurs complices.

Il vit aussi un moine qui avait osé posséder de l'argent en propre, et qui expiait son crime dans un cercueil de plomb. Il remarqua des abbés, des évêques et d'autres personnes qui ne souffraient que pour un temps limité. Enfin il aperçut la demeure des bienheureux placés dans le ciel, chacun selon son mérite et sa qualité. Ensuite son guide céleste le ramena dans son lit.

Après l'office de la nuit, l'abbé vint visiter le malade, qui lui raconta sa vision tout au long. L'abbé la fit écrire aussitôt. Vétin vécut encore deux jours, et ayant prédit lui-même qu'il ne passerait pas le troisième, il se recommanda aux prières des religieux, et mourut saintement, le 31 d'octobre 824. (Don Calmet.)

ARMÉES AÉRIENNES.

On trouve le conte suivant, dans les entretiens sur la cabale, publiés sous le nom du *Comte de Gabalis*.

Le fameux cabaliste Zédéchias se mit dans l'esprit, sous le règne de Pepin-le-Bref, de convaincre le monde, que les élémens sont habités par des peuples d'une nature différente de la nôtre (1). L'expédient dont il s'avisa fut de conseiller aux sylphes de se montrer en l'air à tout le monde. Ils

---

(1) Selon la doctrine des cabalistes, les élémens sont peuplés d'esprits, invisibles au commun des hommes. Le feu est rempli de salamandres; l'air, habité par les sylphes; la terre, par les gnomes; les ondins ou nymphes sont les hôtes de la mer, des rivières et des fleuves.

le firent avec magnificence. On voyait dans les airs ces créatures admirables, en forme humaine, tantôt rangées en bataille, marchant en bon ordre, ou se tenant sous les armes, ou campées sous des pavillons superbes; tantôt sur des navires aériens, d'une structure merveilleuse, dont la flotte volante voguait au gré des zéphirs.

Qu'arriva-t-il? le peuple crut d'abord que c'était des sorciers qui s'étaient emparés de l'air, pour y exciter des orages et pour faire grêler sur les moissons. Les savans, les théologiens et les jurisconsultes furent bientôt de l'avis du peuple. Les empereurs le crurent aussi; et cette ridicule chimère alla si avant, que le sage Charlemagne, et après lui, Louis-le-Débonnaire, imposèrent de grièves peines à tous ces prétendus tyrans de l'air.

Les sylphes voyant le peuple, les pédans et les têtes couronnées même, se gendarmer ainsi contre eux, résolurent, pour faire perdre cette mauvaise opinion qu'on avait de leur flotte innocente, d'enlever des hommes de toutes parts, de leur faire voir leurs belles femmes, leur république et leur gouvernement, puis de les remettre à terre en divers endroits du Monde. Ils le firent, comme ils l'avaient projeté. Le peuple qui voyait descendre ces hommes, y accourait de toutes parts, prévenu que c'étaient des sorciers qui se détachaient de leurs compagnons, pour venir jeter des venins sur les fruits et dans les fontaines; suivant la fureur qu'inspirent de telles imaginations, il entraînait ces innocens au supplice. Il est incroyable quel grand nombre il en fit périr par l'eau et par le feu, dans tout le royaume.

Il arriva qu'un jour entre autres, on vit à Lyon descendre de ces navires aériens trois hommes et une femme;

toute la ville s'assemble alentour, crie qu'ils sont magiciens, et que Grimoald, duc de Bénévent, ennemi de Charlemagne, les envoie pour perdre les moissons des Français.

Les quatre innocens ont beau dire, pour leur justification, qu'ils sont du pays même; qu'ils ont été enlevés depuis peu par des hommes miraculeux, qui leur ont fait voir des merveilles inouies, et les ont priés d'en faire le récit : le peuple entêté n'écoute point leur défense, et il allait les jeter dans le feu, quand le bonhomme Agobard, évêque de Lyon, qui avait acquis beaucoup d'autorité, étant moine dans cette ville, accourut au bruit.

Ayant ouï l'accusation du peuple et la défense des accusés, Agobard prononça gravement que l'une et l'autre étaient fausses, qu'il n'était pas vrai que ces hommes fussent descendus de l'air, et que ce qu'ils disaient y avoir vu était impossible.

Le peuple crut plus à ce que disait son bon père Agobard qu'à ses propres yeux, s'apaisa, donna la liberté aux quatre ambassadeurs des sylphes, et reçut avec admiration le livre qu'Agobard écrivit pour confirmer la sentence qu'il avait donnée : ainsi le témoignage de ces quatre témoins fut rendu vain.

Cependant, comme ils échappaient au supplice, ils furent libres de raconter ce qu'ils avaient vu : ce qui ne fut pas tout-à-fait sans fruit; car les sylphes et les sylphides étant mieux connus, contractèrent des alliances amoureuses avec les hommes et les dames de ce temps-là. Ce commerce produisit des héros et des femmes héroïques; de là sont venues toutes ces histoires de fées, qu'on trouve dans les légendes amoureuses du siècle de Charlemagne. Toutes ces fées prétendues n'étaient que des sylphides et des nymphes.

L'ASTROLOGUE.

L'empereur Frédéric, maître de Vicence, étant sur le point de quitter cette ville, qu'il avait emportée d'assaut quelques jours auparavant, défia le plus fameux de ses astrologues de deviner par quelle porte il sortirait le lendemain. L'imposteur répondit au défi par un tour de son métier : il remit à Frédéric un billet cacheté, et lui recommanda sur toutes choses de ne l'ouvrir qu'après qu'il serait sorti.

L'empereur fit abattre, pendant la nuit, quelques toises de la muraille, et sortit par la brêche. Il ouvrit ensuite le billet; et ne fut pas peu surpris d'y lire ces mots : *L'empereur sortira par la*

Porte Neuve. C'en fut assez pour que l'astrologue et l'astrologie lui parussent infiniment respectables.

PACTE AVEC LE DIABLE.

Un gentilhomme allemand, nommé Michel de Boubenhor, ayant été envoyé assez jeune par ses parens à la cour du duc de Lorraine, perdit aux cartes tout ce qu'il possédait.

Réduit au désespoir, il résolut de se livrer au Démon, s'il pouvait en obtenir de l'argent de bon aloi. Comme il était occupé de cette pensée, il vit tout à coup paraître devant lui un jeune homme de son âge, bien fait et d'une mise recherchée, qui, lui ayant demandé le sujet de son inquiétude, lui présenta ensuite une bourse pleine d'argent, en lui disant d'éprouver s'il était bon ; puis il disparut en annonçant au jeune homme qu'il reviendrait le lendemain.

Michel retourna au jeu, regagna tout l'argent qu'il avait perdu, et emporta de plus celui de ses compagnons. Le Diable revint le trouver sous une autre forme, lui demanda s'il était satisfait, et exigea pour récompense trois gouttes de son sang, qu'il reçut dans une coquille de gland; puis lui offrant une plume, il lui dit d'écrire sous sa dictée quelques termes inconnus, sur deux billets différens, dont l'un demeura au pouvoir du Démon, et l'autre fut mis dans le bras de Michel, au même endroit d'où le sang était sorti. Le Diable s'engagea ensuite à le servir pendant sept ans, au bout desquels le jeune homme devait lui appartenir sans réserve.

Michel y consentit, quoique avec horreur; et dès-lors le Démon ne manqua pas de lui apparaître jour et nuit, et de lui inspirer diverses choses toutes tendantes au mal.

Au bout de quelques années, Michel revint chez ses parens; le Démon lui suggéra l'idée d'empoisonner son père et sa mère, de mettre le feu à leur château et de se tuer lui-même. Il essaya de commettre tous ces crimes, mais il n'y put réussir.

Le terme fatal approchait et lui causait de grandes inquiétudes; il découvrit à quelques domestiques de son père son malheureux état, et les pria de lui procurer quelques secours; mais au moment qu'il révélait son pacte, le Démon le saisit et lui tourna tout le corps en arrière. Sa mère, effrayée, le mit entre les mains des religieux pour le guérir. Ce fut alors que le Démon fit de plus violens efforts contre lui. Un jour, il apparut sous la forme d'un homme sauvage et tout velu, jeta à terre un pacte différent de celui qu'il avait extorqué du jeune homme, pour tâcher par ce moyen de le tirer des mains de ceux qui le gardaient; mais sa fourberie ne réussit point.

D'habiles exorcistes prirent jour, pour forcer le Diable à comparaître dans la chapelle de Saint-Ignace, et à rapporter le véritable pacte. Après que Michel eut fait sa profession de foi, il vit deux boucs d'une grandeur démesurée, qui tenaient entre leurs ongles le contrat passé entre lui et le Diable. Mais dès qu'on eut commencé les exorcismes, les deux boucs s'enfuirent; et le pacte sortit du bras gauche du jeune homme, sans lui causer de douleur et sans laisser de cicatrice.

Il ne manquait plus que le second pacte, qui était resté au pouvoir du Démon. On redoubla les exorcismes; et on vit enfin paraître une grande cicogne difforme et hideuse, qui laissa tomber sur l'autel l'acte infernal. Depuis ce temps, le jeune homme ne fut plus tourmenté.

On voit à Molsheim, dans l'église des jésuites, une inscription célèbre, qui contient toute cette histoire. (MASSÉ.)

RECONNAISSANCE D'UN MORT.

SIMONIDES, poëte et philosophe grec, étant sur le point de s'embarquer, trouva, sur le rivage, le cadavre d'un inconnu, à qui on avait négligé de donner la sépulture. Le philosophe, par un sentiment d'humanité, lui fit faire des obsèques honorables.

La nuit suivante, le mort apparut en songe à Simonides, et lui conseilla, par reconnaissance, de ne point s'embarquer, comme il l'avait projetté, sur le vaisseau qui était à la rade, parce qu'il y ferait naufrage.

Simonides, suivit ce conseil, retarda son voyage; et, peu de jours après cette apparition, il apprit le naufrage du vaisseau qui devait le porter.

MORT DE GUYMOND DE LA TOUCHE.

Guymond de la Touche était allé chez un prétendu sorcier, dans le dessein de s'en moquer, et de découvrir les ruses qu'il mettait en usage. Il accompagnait une grande princesse, qui montra, en cette occasion, plus de force d'esprit que lui.

L'appareil religieux de chaque expérience, le silence des spectateurs, le respect et l'effroi dont quelques-uns étaient saisis, commencèrent à le frapper. Dans l'instant que, tout troublé, il regardait attentivement piquer des épingles dans le sein d'une jeune fille: « Vous paraissez bien empressé, lui

» dit-elle, à vous éclaircir de tout ce
» qu'on fait ici. Hé bien! puisque vous
» êtes si curieux, apprenez que vous
» mourrez dans trois jours..... »

Ces paroles firent sur lui une impression étonnante; il tomba dans une profonde rêverie; et cette prédiction, aussi bien que ce qu'il avait vu, causa en lui une telle révolution, qu'il tomba malade, et mourut en effet au bout de trois jours, en 1769.

FÊTE SINGULIÈRE.

L'HISTOIRE fait mention d'une fête, que l'empereur Domitien donna aux sénateurs et aux chevaliers, à l'occasion de son triomphe sur les Daces. Cette fête est une preuve du goût bizarre de ce prince, qui se faisait un divertissement des inquiétudes et des peines d'autrui.

Les sénateurs et les chevaliers s'étant rassemblés, pour assister au repas où l'empereur les avait invités, il les fit introduire dans une salle toute tendue de noir, et éclairée par quelques lampes sépulcrales, qui répandaient une clarté encore plus effrayante que les ténèbres. Chaque convive se trouva placé vis-à-vis d'un cercueil, sur lequel il vit avec effroi son nom écrit.....

Dans le moment, une troupe de petits enfans, barbouillés de noir, depuis les pieds jusqu'à la tête, pour représenter les ombres infernales, paraissent dans la salle, et exécutent une danse qui avait quelque chose de sinistre et de lugubre.

Cette danse finie, ils se distribuent, chacun auprès du convive qu'il devait servir. Les mets furent les mêmes que ceux que l'on avait coutume d'offrir aux morts, dans les cérémonies funèbres. Un silence stupide régnait dans cette assemblée. Domitien seul parlait, et il n'entretenait sa compagnie que de morts et d'aventures sanglantes.

Le dernier acte de cette mauvaise farce fut le plus effrayant ; les convives sortirent de la salle du festin, mais séparément, et escortés par des gens inconnus, vêtus de noir, armés et silencieux. A leur grande surprise, on les conduisit à leurs maisons. A peine commençaient-ils à respirer, qu'on les redemanda, de la part de Domitien. Nouvelle frayeur ; mais c'était pour leur donner la vaisselle qu'on avait servie devant eux, et à chacun un de ces pages, qui avaient joué les petits démons, mais bien lavés et richement vêtus.

CURIOSITÉ IMPRUDENTE.

Le conte suivant est du douzième siècle :

Un prêtre, des environs de Cologne, souhaitait depuis long-temps de voir le Diable, sans pouvoir se procurer cette petite satisfaction. Enfin le hasard lui fit connaître un habile magicien, nommé Philippe, qui lui promit d'obliger Satan à paraître en personne, moyennant un salaire convenable.

Le marché bien conclu, Philippe plaça le prêtre au milieu d'un cercle, et lui ordonna d'attendre en silence l'esprit malin, qu'il allait conjurer : « Au reste, ajouta-t-il, gardez-vous » bien de faire un pas ; car, si vous » sortiez du cercle, le Diable aurait le » droit de vous étrangler. »

Le bonhomme promit d'être immobile. Mais aussitôt que Satan parut devant lui, il s'épouvanta si fort, qu'il en tomba à la renverse. Le Diable, voyant la tête du prêtre hors du cercle, se jeta dessus, et lui tordit le cou. Le duc de Lutzenbourg, ayant appris cette horrible histoire, confisqua les biens du mort à son profit, parce qu'il le crut damné; et la chronique ajoute que le magicien Philippe, qui opéra bien d'autres prodiges, fut à son tour étouffé par son ami Satanas.

LA LAMPE MIRACULEUSE.

Il y avait à Paris, du temps de saint Louis, un rabbin fameux, nommé Jéchiel, grand faiseur de prodiges, et si habile à fasciner les yeux par les illusions de la magie ou de la physique, que les juifs le regardaient comme un saint, et les Parisiens comme un sorcier.

La nuit, quand tout le monde était couché, il travaillait, dit-on, à la clarté d'une lampe merveilleuse, qui répandait dans sa chambre une lumière aussi pure que celle du jour. Il n'y mettait point d'huile, et elle éclairait continuellement, sans jamais s'éteindre, et sans avoir besoin d'aucun aliment.

Or, comme on le croyait sorcier, on disait que le diable entretenait sa lampe, et venait passer la nuit avec lui. C'est pourquoi tous les passans heurtaient à sa porte, pour l'interrompre. Quand des seigneurs ou des honnêtes gens frappaient, la lampe jetait une lueur éclatante, et le rabbin allait ouvrir; mais toutes les fois que des importuns faisaient du bruit, pour le troubler dans son travail, la lampe pâlissait; le rabbin averti donnait un coup de marteau sur un grand clou, fiché au milieu de la chambre; aussitôt la terre s'entrouvrait, et engloutissait les mauvais plaisans.

Les miracles de la lampe inextinguible, étonnaient tout Paris, Saint Louis, en ayant entendu parler, fit venir Jéchiel, afin de le voir; il fut si content de la science étonnante de ce rabbin, et conçut pour lui tant d'estime, qu'il le fit son conseiller-d'état, et le combla de biens.

LE CHANOINE NORMAND.

Dom Calmet et quelques autres écrivains racontent, comme une chose merveilleuse, mais croyable, cette singulière façon de voyager.

Un chapitre de Normandie était depuis long-temps obligé, par une chartre, d'envoyer tous les ans, le jour de Noël, un de ses membres à Rome, pour chanter l'épître de la grande messe, dans l'église de Saint-Pierre. Une certaine année, on chargea de cette commission un vieux chanoine, qui avait quelque pouvoir sur le Diable. Le chanoine se promit bien de ne pas faire deux fois le voyage de Rome, et d'en exempter à l'avenir ses confrères.

Comme il avait des moyens tout prêts pour faire la route avec promptitude, il différa de partir jusqu'au matin du jour de Noël; ce qui étonna grandement le chapitre. Mais alors, il évoqua un démon familier, qui le servait de temps en temps, et lui commanda de le porter à Rome, au plus vite. Le Démon, soumis à son maître, se mit aussitôt à quatre pattes, reçut le chanoine sur son dos, déploya ses ailes, fendit l'air avec rapidité, et arriva à Rome, au moment où l'on commençait la grande messe. Le vieux chanoine chanta l'épître, pendant que, par son ordre, le Diable s'introduisait dans la salle des archives, et enlevait la chartre qui obligeait les chanoines Normands au voyage en question. Après cela, le chanoine remonta à cheval sur son démon, rentra chez lui pour dîner, et fit grand plaisir au chapitre, en lui apprenant l'heureux tour de passe-passe qu'il venait de faire.

M. de Saint-Albin a placé cette anecdote dans ses *Contes Noirs*, sous le titre du *Chanoine de Bayeux*; mais il l'a donnée telle que la racontent les bonnes femmes de Normandie.

L'ARGENT DU DIABLE.

Un inconnu, passant par un village, rencontra un jeune homme de quinze ans, d'une figure intéressante et d'un extérieur fort simple. Il lui demanda s'il voulait être riche : le jeune homme ayant répondu qu'il ne désirait rien plus, l'inconnu lui donna un papier plié, ajoutant qu'il pourrait en faire sortir autant d'écus qu'il en souhaiterait, tant qu'il ne le déplierait point; et que, s'il domptait sa curiosité, il connaîtrait bientôt son bienfaiteur.

Le jeune homme rentra chez lui, secoua le papier mystérieux; il en tomba quelques pièces d'or.... Cependant, n'ayant pu résister à la tentation de l'ouvrir, il y vit des griffes de chat, des ongles d'ours, des pattes de crapaud, et d'autres figures si horribles, qu'il jeta sa fortune au feu. Les pièces d'or qu'il en avait tirées, disparurent; et il reconnut qu'il avait eu affaire avec le Diable.

VISION DU MARQUIS DE PRÉCY.

Le marquis de Précy et le marquis de Rambouillet, tous deux âgés de vingt-cinq à trente ans, étaient intimes amis, et allaient à la guerre, comme y vont en France toutes les personnes de qualité. Un jour qu'ils s'entretenaient des affaires de l'autre monde, après plusieurs discours qui témoignaient assez qu'ils n'étaient pas trop persuadés de tout ce qu'on en dit, ils se promirent l'un à l'autre, que le premier qui mourrait en viendrait apporter des nouvelles à son compagnon.

Au bout de trois mois, le marquis de Rambouillet partit pour la Flandre où la guerre était alors, et le marquis de Précy, arrêté par une grosse fièvre, demeura à Paris. Six semaines après, Précy entendit, sur les six heures du matin, tirer les rideaux de son lit, et se tournant pour voir qui c'était, il

aperçut le marquis de Rambouillet en buffle et en bottes. Il sortit de son lit, et voulut se jetter à son cou, pour lui témoigner la joie qu'il avait de son retour. Mais Rambouillet, reculant quelques pas en arrière, lui dit que ses caresses n'étaient plus de saison, qu'il ne venait que pour s'acquitter de la parole qu'il lui avait donnée, qu'il avait été tué la veille, et que tout ce qu'on disait de l'autre monde était très-certain. « Pour vous, ajouta-t-il, pen-
» dant que vous vivez encore, songez
» à réformer votre conduite : vous n'a-
» vez point de temps à perdre, puisque
» vous serez tué dans la première
» affaire où vous vous trouverez ».

On ne peut exprimer la surprise où fut le marquis de Précy à ce discours : ne pouvant croire ce qu'il entendait, il fit de nouveaux efforts pour embrasser son ami, qu'il soupçonnait de chercher à l'abuser; mais il n'embrassa que du vent; et Rambouillet voyant qu'il était incrédule, lui montra l'endroit où il avait reçu le coup, qui était dans les reins, d'où le sang paraissait encore couler.

Après cela, le fantôme disparut et laissa Précy dans une frayeur plus aisée à comprendre qu'à décrire. Il appela son valet-de-chambre et réveilla toute la maison par ses cris. Plusieurs personnes accoururent; il leur conta ce qu'il venait de voir. Tout le monde attribua cette vision à l'ardeur de la fièvre, qui pouvait altérer son imagination, et le pria de se recoucher, lui remontrant qu'il fallait qu'il eût rêvé ce qu'il disait.

Le marquis, au désespoir de voir qu'on le prît pour un visionnaire, raconta toutes les circonstances qu'on vient de lire; mais il eut beau protester qu'il avait vu et entendu son ami en veillant, on demeura toujours dans la même pensée, jusqu'à ce que la poste de Flandres, par laquelle on apprit la mort du marquis de Rambouillet, fût arrivée. Cette première circonstance s'étant trouvée véritable, et de la même manière que l'avait dit Précy, ceux à qui il avait conté l'aventure commencèrent à croire qu'il en pouvait bien être quelque chose, parce que Rambouillet ayant été tué précisément la veille du jour de son apparition, il était impossible que Précy l'eût appris naturellement.

Dans la suite, Précy, ayant voulu aller, pendant les guerres civiles, au combat de Saint-Antoine, y perdit la vie (1).

---

(1) Il est prouvé maintenant que la vision de Précy n'était qu'un délire de la fièvre, et que des mémoires infidèles ont embelli cette anecdote, de toutes les circonstances qui la rendent si merveilleuse.

HISTOIRE DE RUTILIO.

On trouve ce conte singulier dans le fameux roman de *Persilès*, dont M. Dubournial a enrichi notre langue, avec tant d'élégance et de goût :

« Je me nomme Rutilio. J'étais maître de danse à Florence; et j'y jouissais de toute la réputation que je pouvais désirer. J'aurais pu y vivre le plus heureux des hommes; mais je fus choisi pour donner des leçons à la belle Florentine.... et je l'enlevai.... Ses parens étaient puissans..... Je fus bientôt arrêté, traduit comme ravisseur devant les tribunaux, et condamné à être pendu dans les vingt-quatre heures.

» Du moment que mon arrêt fut prononcé, on me transféra dans un canton de la prison où se trouvaient d'autres malheureux, à la veille, comme moi, d'être suppliciés. J'y remarquai entre autres, une femme autrefois belle, mais presque vieille alors, qui, atteinte et convaincue de sorcellerie, venait d'être jugée et condamnée au feu.

» Pendant le peu de temps qu'avait duré mon procès, j'avais eu occasion de la voir plusieurs fois chez le concierge, où elle était bien venue et recherchée, parce qu'elle avait promis et même assuré que, moyennant certaines paroles, prononcées d'une certaine manière sur certaines herbes, elle guérirait Mlle la concierge, d'une maladie extraordinaire, dont les médecins ne pouvaient venir à bout.

» Cette femme avait eu l'air de me témoigner de l'intérêt; et plusieurs fois, sur le ton de la plaisanterie, elle m'avait répété que, tant qu'elle ne serait pas brûlée, je ne serais pas pendu. Je ne sais ni ne puis concevoir comment elle s'y prit; mais le soir du jour de mon jugement, de ce jour terrible qui allait être suivi de mon dernier jour, elle entra dans mon cachot, où, les fers aux pieds et aux mains, j'étais enchaîné à deux énormes anneaux scellés dans le mur.

» Dès le premier mot qu'elle prononça en entrant, je la reconnus à sa voix : « Ne t'effraie point, me dit-elle,
» je viens pour te consoler;... et pour te
» sauver, comme je te l'ai promis,
» ajouta-t-elle, en me posant la main
» sur le cœur, si, de ton côté, tu me
» promets de m'aimer, de m'épouser, et
» de m'être fidèle. Voilà mes condi-
» tions; si tu les refuses, je te laisse;
» et demain tu seras pendu : Vois ce
» qui te convient le mieux, et réponds-
» moi sur-le-champ. »

» Que n'aurais-je point promis, dans la situation où j'étais ! Sans hésiter, sans faire la moindre réflexion, dans toute la sincérité de mon cœur, je lui répondis que j'étais tout à elle, et tant

que je vivrais, si elle parvenait à me sauver la vie, et à me remettre en liberté. « En ce cas, reprit-elle, je me
» retire; tranquillise-toi; ne t'épou-
» vante de rien; et laisse-moi faire. A
» minuit, tes fers seront brisés, et
» bientôt après, tu seras en lieu si sûr,
» que tes ennemis, tout nombreux,
» tout puissans, et tout acharnés qu'ils
» soient, ne pourront plus rien contre
» toi. »

» Je le confesse, cette créature infernale, cette sorcière qu'en toute autre circonstance je n'aurais point entendue sans frissonner d'horreur, me parut en ce moment un ange envoyé du ciel, pour me sauver miraculeusement; et je poussai l'égarement jusqu'à en remercier Dieu; mais à cet instant de consolation, succédèrent les heures les plus cruelles de ma malheureuse vie, ces heures si terribles et si longues, qu'il me fallut passer, en attendant le retour incertain de ma protectrice. Tourmenté par une sorte d'espérance, que ma raison se sentait forcée de repousser, et par l'approche imminente de mon supplice, je tombai dans des angoisses, dont le souvenir me fait encore frémir.

» Un silence sinistre et profond, comme la sinistre et profonde obscurité qui m'environnait, régnait de toutes parts autour de moi, lorsqu'enfin le mouvement de ma porte qui s'ouvrait sans bruit, et la voix de ma libératrice me firent tressaillir: « C'est moi,
» mon ami, me dit-elle; du courage,
» et surtout de la confiance! Prends le
» bout de cette baguette que je te pré-
» sente; garde-toi de la quitter, et suis-
» moi. — Mais j'ai les mains enchaî-
» nées l'une à l'autre, répondis-je? —
» Prends, te dis-je, me répliqua-
» t-elle. »

» O surprise! ô prodige! au premier

effort que je fis, pour tendre la main et saisir le bout de la baguette, que je me sentais appuyer sur la poitrine, mes menottes tombèrent en pièces à mes pieds, comme si elles n'eussent été que du verre le plus fragile! « Suis-moi, et » surtout ne quitte point la baguette, » (me répéta-t-elle), nous serions per- » dus tous les deux. — Mais, je suis at- » taché à la muraille, lui répondis-je, » et j'ai les fers aux pieds? — Laisse-là » tes *mais*, me répliqua-t-elle, marche » en avant, et marche hardiment. »

» Nouvelle surprise et bien encourageante encore! Dès le premier pas que je tentai, les fers qui m'attachaient au mur se rompirent, avec la même facilité que mes menottes; et ceux que j'avais aux pieds, à peine les sentis-je me résister.... En sorte que, totalement dégagé de mes chaînes, rien ne m'empêcha de suivre la baguette que je tenais ferme et qui m'entraînait.

» Ma conductrice ouvrit toutes les portes, sans la moindre difficulté et sans bruit. Les gardes, les gardiens, les prisonniers qui se trouvaient sur notre passage étaient tous si profondément endormis qu'aucun ne se réveilla. Bref, en peu d'instans nous fûmes hors de la prison, en pleine rue, bientôt après sur la grande place; et là, ma libératrice me fit asseoir sur un banc, à côté d'elle.

» La pensée me vint alors, pour la première fois, que c'était à l'enfer non au ciel que j'étais redevable du du prodige qui venait de s'opérer en ma faveur; et que ma libératrice, sorcière avérée, ne pouvait être qu'une émissaire du diable. A cette idée, un frisson d'horreur me saisit de la tête aux pieds; la potence ne me parut plus qu'une vétille, en comparaison de ma damnation éternelle, et j'eus recours aux signes de croix, répétés coup sur coup.

« Arrête, me dit ma conductrice,
» tu n'es pas encore sauvé..., si tu n'as
» pas toute confiance en moi. Laisse-
» là tes *oremus*, qui ne t'auraient
» point empêché d'être pendu demain;
» prends cette goutte de liqueur con-
» fortative, (ajouta-t-elle, en me pré-
» sentant une petite fiole que je vidai
» d'une seule gorgée), et, encore une
» fois, prends courage; laisse-moi
» faire, sois fidèle à tes promesses, et
» ne t'inquiète pas. Je vais te cacher
» là-dedans (continua-t-elle, en me
» développant un grand sac), et te
» faire voyager; il le faut absolu-
» ment, et au plus vite; mais compte
» que je pourvoierai perpétuellement à
» ta subsistance et à ta sûreté, jusqu'à
» ce que tu n'aies plus rien à crain-
» dre. »

»Cette défense formelle de recourir à
Dieu, ce voyage dans un sac, toutes
les circonstances de ma situation m'au-

7

raient infailliblement fait mourir de frayeur; et certes, il y avait de quoi tuer le plus intrépide, si à l'instant même un profond sommeil ne fût venu m'ôter la faculté de penser et de réfléchir. J'ignore pendant quel temps je me suis trouvé, par ce sommeil, privé de l'usage ordinaire de ma raison et de mon esprit; je n'ai pas, je n'ai jamais eu la moindre notion du voyage qu'on m'a bien réellement fait faire pendant ce temps-là. Ma mémoire ne me rappelle que le moment de mon réveil, qui fut provoqué par une secousse extrêmement violente, et trop remarquable pour que jamais je puisse l'oublier.

En ouvrant les yeux, je reconnus qu'il faisait nuit; que j'étais étendu sur une pelouse, sous un ciel brillant d'étoiles, au bord de la mer; et j'entendis la voix de ma libératrice. Elle me parlait de fort près; mais je n'entendais que du son, et je ne pouvais comprendre ce qu'elle me disait. Bientôt après, je la sentis me serrer entre ses bras et approcher sa bouche brûlante de la mienne, en laissant échapper un soupir de la plus amoureuse expression. Un mouvement de dégoût, dont je ne fus pas le maître, me porta machinalement à la repousser de mes deux mains. Et quel fut mon effroi ! comme mes cheveux se dressèrent d'horreur, lorsqu'au tact et à l'œil, autant que pouvait le permettre l'obscurité presque totale de la nuit, je reconnus et entrevis que cette tête qui s'approchait de la mienne, avec des intentions si caressantes, n'était qu'une énorme et hideuse tête de loup.... et qu'un large et court poignard était suspendu à son cou !... Cette fois, ce fut bien le ciel qui m'inspira. En moins de temps qu'il ne m'en faut pour le dire, je saisis avec furie le poignard qui se présentait sous ma main, et je le plongeai dans la gorge du monstre, qui tomba sous le coup, et qui, en tombant, reprit subitement la forme humaine... Je reconnus alors très-distinctement ma sorcière. Elle expirait, baignée dans son sang. En frémissant d'horreur autant que d'effroi, je l'entraînai par les cheveux, et la précipitai dans les flots. »

Après ce coup de fureur, seul, au milieu de la nuit, et sans savoir où il était, Rutilio crut d'abord avoir tous les diables à ses trousses, pour venger la sorcière... D'un autre côté, il voyait reparaître cette terrible potence dont il ne pouvait plus se croire sauvé, puisqu'il venait de massacrer sa protectrice. Un instinct machinal le portait à fuir. Après une longue course à l'aventure, il résolut d'attendre le jour; mais le jour ne vint point, et la faim se fit bientôt sentir. Il se croyait ensorcelé à jamais, et réduit par un sortilège à ne plus revoir la lumière, lorsqu'enfin il entendit des voix humaines, et les pas de quelques personnes qui se promenaient en conversant.

Il s'en approcha. Par le plus heureux des hasards, un italien se trouvait là, qui, ayant entendu le récit de son aventure, lui apprit qu'il avait été transporté par la sorcière, à l'extrémité la plus septentrionale des îles du nord de la Norwège; que dans ce pays, l'année ne se divisait qu'en un jour de six mois, et en une nuit de pareille durée; et que, de plus de deux mois encore, il ne verrait pas même poindre l'aube du jour.

L'italien, qui était établi dans cette île, offrit alors à Rutilio un asile dans sa maison. Celui-ci accepta avec reconnaissance; et ce ne fut qu'après plusieurs années de séjour, d'aventures et de courses dans le nord, qu'il revint en Europe.

ADRESSE D'UN ASTROLOGUE.

Un astrologue se tira ingénieusement de danger, du temps de Louis XI. Il avait prédit au Roi qu'une dame qu'il aimait, mourrait dans huit jours. La chose étant arrivée, le prince fit venir l'astrologue, et commanda à ses gens de ne pas manquer, à un signal qu'il leur donnerait, de se saisir de cet homme, et de le jeter par les fenêtres.

Aussitôt que le roi l'aperçut : « Toi » qui prétends être un si habile » homme, lui dit-il, et qui sais pré- » cisément le sort des autres, apprends- » moi quel sera le tien, et combien » tu as encore de temps à vivre? »

Soit que l'astrologue eût été secrétement averti du dessein du roi, ou qu'il s'en doutât : « Sire, lui répondit-il, sans témoigner de frayeur, je mourrai trois jours avant votre majesté. » Le roi n'eut garde, après cette réponse, de donner aucun signal pour le faire jeter par les fenêtres; au contraire, il eut un soin particulier de ne le laisser manquer de rien.

LE REVENANT SUCCUBE.

L'AN 1613, dans le mois de novembre, un gentilhomme parisien sortant de sa maison, par une grande pluie, rencontra sous sa porte une demoiselle fort bien mise, qui cherchait un abri : il la fit entrer dans son appartement; et comme le mauvais temps ne fit que redoubler jusqu'à la nuit, elle fut obligée de coucher dans cette maison.

Elle était jolie : le gentilhomme s'enflamma pour sa beauté, et s'enhardit tellement des petites libertés qu'elle lui laissa prendre, qu'il parvint à passer la nuit à ses côtés. Il la quitta, le lendemain, pour vaquer à ses affaires, et la laissa dormir; car elle n'avait point encore reposé.

Vers midi, le gentilhomme rentra chez lui, et étant monté dans sa chambre pour éveiller la demoiselle inconnue, il la trouva morte. Il fit appeler aussitôt les médecins et la justice; et on reconnut, dans ce cadavre, le corps d'une pendue, qu'on avait exécutée quelques mois auparavant : ce qui fit présumer qu'un démon pouvait bien avoir pris cette forme, pour tromper le gentilhomme.

LA MAISON ENSORCELÉE.

Dom Calmet raconte, sans les expliquer, ces prodiges nocturnes, arrivés dans une maison de Mirecourt en Lorraine :

En 1742, un bourgeois de Mirecourt entendit pendant plusieurs mois, dans sa maison, vers onze heures du soir, un bruit épouvantable, qui semblait venir tantôt de la cave et tantôt du grenier. Souvent on marchait dans sa chambre, à l'heure de minuit, quelquefois comme une personne qui se promène pieds nus, d'autres fois comme un homme qui marche lourdement, avec des bottes-fortes ou des sabots.

Un jour que ce bourgeois revenait de voir les marionnettes, il trouva son enfant couché au travers du feu, sans que le berceau fût aucunement endommagé, et sans que le repos de l'enfant parût en souffrir. Un autre jour, en rentrant chez lui, il vit son enfant hors de son lit, couché au milieu de la chambre, sans que l'on sût qui l'y avait mis.

Un autre jour, la veille de la Toussaint, étant bien éveillé, il aperçut, au bout de sa chambre trois chandelles allumées, qui s'approchaient de lui, et s'en éloignaient successivement, sans être conduites par aucune main visible. Un autre jour, il vit la figure d'une grande femme, vêtue de blanc, qui portait un enfant sur ses bras. Deux personnes qui se trouvaient là virent la même chose. Comme ils étaient trois, ils eurent la hardiesse de s'avancer vers le fantôme; mais à mesure qu'ils s'en approchaient, l'ombre disparaissait; et aussitôt qu'ils retournaient à leur place, la grande femme blanche se remontrait.

Ces prodiges et plusieurs autres, qui se renouvelèrent fréquemment, pendant un temps assez long, firent penser que la maison était ensorcelée; d'autant plus que personne ne pouvait y dormir. C'est pourquoi le propriétaire fut obligé de l'abandonner. Comme elle était fort décriée, il ne put la vendre qu'à très-bas prix. Des voisins l'achetèrent; et, par un de ces hasards tout-à-fait merveilleux, les apparitions nocturnes, les prodiges et les bruits effrayans cessèrent, dès que les nouveaux maîtres de cette maison s'y furent installés.

LE SPECTRE DANS LA CAVE.

Un marchand de la rue Saint-Victor, à Paris, donnant un grand souper, la servante de la maison fut obligée de descendre à la cave, à dix heures du soir. Elle était naturellement peureuse; et une circonstance singulière lui préparait ce soir-là de quoi exercer son courage, si elle en avait eu la moindre dose. Elle n'eut pas plutôt descendu l'escalier de la cave, qu'elle remonta épouvantée, hors d'elle-même, en criant qu'elle venait de voir un fantôme horrible entre deux tonneaux....

L'effroi s'empara des domestiques; mais parmi les gens du festin, il se trouva quelques personnes intrépides, qui descendirent à la cave, s'approchèrent du prétendu spectre, et reconnurent que ce n'était qu'un corps mort, qui était sorti du charriot de l'Hôtel-Dieu, qui avait été poussé par sa chute dans le soupirail, et qui était tombé debout dans la cave, entre deux tonneaux.

LES DIABLES RAMONEURS.

Un capitaine anglais, ruiné par des folies de jeunesse, n'avait plus d'autre asile que la maison d'un ancien ami. Celui-ci, obligé d'aller passer quelques mois à la campagne, et ne pouvant y conduire le capitaine, parce qu'il était dangereusement malade, le confia aux soins d'une vieille domestique, qu'il chargeait de la garde de sa maison, toutes les fois qu'il s'absentait. La bonne femme vint un matin voir de très-bonne heure son malade, parce qu'elle avait rêvé qu'il était mort dans la nuit. Rassurée, en le voyant dans le même état que la veille, elle le quitta pour aller soigner ses affaires, et oublia de fermer la porte après elle.

Les ramoneurs, à Londres, ont coutume de se glisser dans les maisons qui ne sont point habitées, pour s'emparer de la suie, dont ils font un petit commerce; deux d'entre eux avaient su l'absence du maître de la maison, et ils épiaient le moment de s'introduire chez lui. Ils virent sortir la concierge; ils entrèrent dès qu'elle fut éloignée, trouvèrent la chambre du capitaine ouverte, et sans prendre garde à lui, grimpèrent tous les deux dans la cheminée. Le capitaine était dans ce moment assis sur son séant ; le jour était sombre ; la vue de deux créatures aussi noires que ces ramoneurs lui causèrent une frayeur inexprimable ; il retomba dans ses draps, fermant les yeux, et n'osant faire aucun mouvement.

Le docteur Space arriva un instant après ; tous les matins il venait ordonner des remèdes et donner des conseils au capitaine, qui était son ami. Il entra avec sa gravité ordinaire, s'approcha du lit et appela le capitaine, celui-ci reconnut sa voix, souleva ses couvertures, et le regarda d'un œil égaré, sans avoir la force de parler. Le docteur lui prit la main, et lui demanda comment il se trouvait ? « Mal, » très-mal, répondit-il ; mes affaires » sont dans l'état le plus déplorable ; » je suis perdu ; les diables se préparent » à m'emporter ; ils sont-là, dans ma » cheminée... Malheureux que je suis !

» n'y a-t-il plus de remède ? » Le docteur, qui était ce qu'on appelle un *esprit fort,* secoua la tête, regarda son ami, lui tâta le pouls, et dit gravement : « Vos idées sont *coagulées* ; le
» *sensorium* de votre *glande pinéale*
» est couvert de nuages, vous avez un
» *lucidum caput,* capitaine.... — Ces-
» sez votre galimathias, docteur; il
» n'est plus temps de plaisanter ; les
» diables sont ici, il y en a deux......
» Sans doute l'un doit se charger de
» vous ; un seul est suffisant pour moi ;
» mais ils savaient que vous viendriez ;
» ils vous emporteront avec votre ami ;
» car vous le méritez autant que moi.
» — Vos idées sont incohérentes, mon
» ami ; je vais vous le démontrer : Le
» diable est un conte ; vous en verrez
» tout le roman dans le *Paradis Perdu :*
» votre effroi est donc..... »

Dans ce moment, les ramoneurs ayant rempli leur sac, le laissèrent tomber au bas de la cheminée, et le suivirent bientôt. Leur apparition rendit le docteur muet. Le capitaine se renfonça sous sa couverture, et se coulant aux pieds de son lit, se glissa dessous avec promptitude et sans bruit, en priant mentalement les diables de se contenter d'emporter son ami.

Le docteur, immobile d'effroi, cherchait dans sa mémoire toutes les prières qu'il avait apprises dans sa jeunesse. En se tournant vers son ami, pour lui demander son aide, il fut épouvanté de ne plus le voir dans son lit. Il aperçut dans ce moment un des ramoneurs qui se chargeait du sac de suie ; il ne douta pas que le capitaine ne fut dans ce sac. Tremblant d'en remplir un autre à son tour, il ne fit qu'un saut jusqu'à la porte de la chambre, et de là au bas de l'escalier. Arrivé dans la rue, il s'écria de toute

sa force : « Au secours, le diable em-
« porte mon ami. »

La populace accourt à ses cris ; il montre du doigt la maison. On se précipite en foule vers la porte, mais personne ne veut entrer le premier... Le docteur, un peu rassuré par le grand nombre, invite chacun en particulier de donner un exemple, qu'il ne donnerait pas pour tout l'or des Indes. Les ramoneurs, en entendant le bruit qu'on faisait dans la rue, posent leur sac sur l'escalier, et, de crainte d'être surpris, remontent à quelques étages plus haut. Le capitaine, mal à son aise, sous son lit, ne voyant plus les diables, se hâte de sortir de sa retraite, et veut quitter la maison. Sa peur et sa précipitation ne lui permettent pas de voir le sac ; il le heurte, tombe dessus, se couvre de suie, se relève et descend avec rapidité. L'effroi de la populace augmente à sa vue ; elle recule et lui ouvre un passage. Le docteur reconnaît son ami, le croit revenu avec un diable invisible pour le chercher, et se cache dans la foule pour les éviter.

Enfin, un ministre qu'on était allé chercher pour conjurer l'esprit malin, entre dans la maison, la parcourt, trouve les ramoneurs, les force à descendre, et montre les prétendus diables au peuple assemblé. Le docteur et le capitaine, qui voyaient les ramoneurs sans être rassurés, se rendirent enfin à l'évidence; mais le docteur, honteux d'avoir, par sa sotte frayeur, démenti le caractère d'intrépidité qu'il avait toujours affecté, voulait absolument rosser ces *coquins* qui, disait-il, avaient fait une si grande peur à *son ami;* et soutint que pour sa part, il ne croyait pas plus au diable qu'auparavant.

LES DEUX AMIS ARCADIENS.

Deux Arcadiens, étroitement liés par les nœuds de l'amitié, faisant voyage ensemble, arrivèrent à Mégare, ville de Grèce. L'un alla, par droit d'hospitalité, loger chez un citoyen de la ville, et l'autre dans une hôtellerie.

Celui qui logeait chez le Mégarien, vit en songe son ami, qui le priait de venir le tirer d'un piége où l'aubergiste l'avait fait tomber, et lui disait que, s'il accourait promptement, il pourrait le soustraire à la mort qui le menaçait.

Réveillé par ce songe, il saute à bas du lit, et se dispose à courir à l'hôtellerie, où était son ami; mais ensuite, par une sorte de fatalité inconcevable, il regarde comme ridicule la démarche qu'il allait faire; et prenant ce songe pour une vaine illusion, il se remet au lit, et se rendort.

Il voit alors une seconde fois son ami, mais blessé, couvert de sang, qui, d'une voix lamentable, le supplie, puisqu'il a négligé de le secourir, de ne pas refuser de venger sa mort; ajoutant qu'il vient d'être massacré par l'aubergiste, et que son corps, mis dans un charriot couvert de fumier, doit bientôt sortir par une porte de la ville, qu'il lui indique. Cette vision, plus effrayante encore que la première, rompt tout à coup son sommeil, le trouble, et alarme sa tendresse. Il vole à la porte désignée, trouve le charriot, dans lequel il reconnaît le corps de son ami, conduit l'aubergiste au magistrat, et venge, par le supplice du coupable, l'assassinat de son ami.
(VALÈRE-MAXIME).

AVENTURE DE Mme DESHOULIÈRES.

Mme Deshoulières étant allée en campagne, à une vingtaine de lieues de Paris, visiter une de ses amies, celle-ci la prévint qu'un fantôme venait, chaque nuit, se promener dans l'une des chambres de son château. Mme Deshoulières voulut s'en convaincre elle-même, et demanda instamment cette chambre à son amie. Elle s'y rendit après le souper, se mit au lit, éteignit sa lumière, et s'endormit tranquillement.

Mais elle fut bientôt éveillée par un bruit qui se fit à la porte; on l'ouvrit, on s'avança dans la chambre, d'un pas lourd et pesant; Mme Deshoulières parla aussitôt, et somma l'esprit de lui dire qui il était. On ne répondit point; et le fantôme, avançant toujours, passa dans la ruelle du lit, renversa le guéridon, et s'appuya lourdement sur le couvertures. Mme Deshoulières surmonta toute crainte, et alongeant les deux mains vers l'endroit où elle entendait le bruit, elle saisit deux oreilles longues et velues, qui lui donnèrent beaucoup à penser.....

Cependant, le fantôme restait fort tranquille, et ne cherchait ni à s'évader, ni à causer aucun mal à Mme Deshoulières, qui attendit patiemment la pointe du jour, sans lâcher prise. Alors elle reconnut que le revenant n'était autre chose qu'un gros chien assez pacifique, qui, ne se souciant pas de coucher en plein air, préférait cette chambre inhabitée, et dont la serrure ne fermait point.

LE REVENANT DE PLAISANCE.

Un aubergiste de Plaisance, en Italie, venait de perdre sa mère. En rentrant de l'enterrement, il eut besoin de quelques objets restés dans la chambre de la défunte : il envoya un de ses domestiques les chercher; celui-ci revint bientôt, hors d'haleine, en criant qu'il venait de voir sa maîtresse, et qu'elle était couchée dans son lit..... Un autre valet fit l'intrépide, monta dans la chambre, et revint confirmer la chose.....

L'aubergiste voulut y aller à son tour; il se fit accompagner d'une servante; et un moment après, tous deux descendirent effrayés, et convaincus d'avoir vu la défunte. L'aubergiste courut trouver ses voyageurs, qui étaient à souper, leur conta son aventure, et pria un ecclésiastique, qui se trouvait là, de l'assister, et de venir conjurer l'esprit.

Alors, un officier, qui était de la compagnie, prit un flambeau, se leva, et dit au prêtre : « Allons, Monsieur,

» c'est à vous qu'il appartient d'ap-
» profondir cette histoire ; venez. —
» Je le veux bien, répondit l'abbé,
» pourvu que vous passiez le premier. »
Toute la maison voulut être de la
partie. On suivit l'officier et l'abbé ; on
entra dans la chambre ; le militaire
tira les rideaux du lit, et tous les assistans aperçurent la figure d'une vieille
femme, noire et ridée, coiffée d'un
grand bonnet, et qui faisait d'horribles
grimaces. L'officier dit au maître de la
maison d'approcher, pour voir si c'é-
tait bien sa mère. Il le fit, et s'écria :
« Oui, c'est-elle ; ah ! ma pauvre mère ! »
Les valets crièrent de même, qu'ils re-
connaissaient leur maîtresse. Alors on
pressa l'abbé d'interroger l'esprit. Le
prêtre s'avança, conjura le fantôme,
et lui jeta de l'eau bénite sur le visage.
L'esprit, se sentant mouillé, sauta, en
criant, sur l'abbé, et le mordit. Celui-
ci se débattit fortement, et fit tomber

la coiffe du revenant. Alors tout le monde reconnut que ce n'était qu'un singe du voisinage.....

Cet animal, ayant vu souvent la défunte se coiffer, et venant quelquefois dans sa chambre, avait trouvé ce jour-là un de ses bonnets, l'avait mis sur sa tête, et s'était ensuite couché dans le lit pour imiter sa voisine dans sa maladie.

LA DANSE DES DIABLES.

MAZARIN, qui gouvernait la France, sous la minorité de Louis-le-Grand, tâchait, par toutes sortes de moyens, d'éloigner l'attention du jeune monarque du soin des affaires, en lui procurant tous les plaisirs qu'il pouvait imaginer. Il avait introduit en France l'opéra italien. Les principaux agrémens de ces acteurs consistaient, dans les premiers temps, en danses grotesques, exécutées par d'habiles voltigeurs.

Un jour qu'ils dansaient un ballet à six personnes, ils furent tout à coup interrompus par l'apparition d'un septième personnage, vêtu comme eux, et qui faisait des sauts et des gambades bien supérieures aux leurs; ce qui troubla tellement la fête, que le directeur du divertissement fut obligé de venir arrêter le désordre.

Comme les sept danseurs avaient une parfaite ressemblance, tant dans la taille que dans le costume, et que le nouveau venu s'était mêlé parmi les autres, à l'approche du directeur, on leur commanda de se démasquer, pour découvrir l'inconnu; mais lorsqu'on voulut lui ôter le masque, il s'évanouit,.... à la grande surprise des spectateurs....

Dès-lors la confusion fut égale entre les danseurs et les assistans. Il n'était personne qui n'eût vu les sept danseurs, et qui n'eût remarqué les sauts admirables du septième. Cette observation alarma tout le monde ; il demeura constant que le diable s'était joint à eux, dans le dessein de faire tomber leurs jeux. Les circonstances confirmèrent cette opinion. D'abord les acteurs étaient habillés en diables ; le sujet de l'opéra étant la *chute de l'homme*, la danse représentait *le triomphe des démons* ; et l'on donnait ce spectacle, un dimanche au soir....

L'alarme fut générale ; quelques-uns assurèrent qu'ils voyaient les lumières brûler d'un feu violet ; d'autres croyaient sentir une odeur de soufre ; un plus fou que les autres crut avoir vu un pied fourchu.... Le cardinal lui-même, qu'on ne pouvait assurément pas soupçonner de superstition, fut si affecté de ce prodige, qu'il fit sortir tout le monde, et défendit qu'on donnât désormais ce spectacle le dimanche : ce qui fut observé toute sa vie et quelque temps encore après.

Si ce trait appartient au diable, il lui fait infiniment d'honneur, puisqu'il ramenait les gens à leurs devoirs de piété.

LES APPARITIONS D'ARDIVILLIERS.

DANS le château d'Ardivilliers, en Picardie (aux environs de Breteuil), on vit long-temps paraître un esprit, qui faisait un vacarme effroyable. Toute la nuit, c'étaient des flammes qui mettaient le château tout en feu ; c'étaient des hurlemens épouvantables qui faisaient fuir les plus intrépides ; c'étaient enfin des apparitions qui ne manquaient pas d'avoir lieu chaque année vers la Toussaint. Personne n'osait y demeurer, que le fermier avec qui cet esprit était apprivoisé. Si quelque malheureux passant y couchait une nuit, il était étrillé d'importance, et les marques en demeuraient sur sa peau plus de six mois après.

Voilà pour l'intérieur du château. Les paysans du voisinage voyaient bien pis au-dehors. Tantôt quelqu'un avait aperçu de loin une douzaine d'esprits en l'air, au-dessus du château : ces esprits étaient tout de feu, et dansaient un branle à la paysanne... Un autre avait trouvé, dans une prairie, je ne sais combien de présidens et de conseillers en robe rouge, sans doute encore tous de feu. Là, ils étaient assis et jugeaient à mort un gentilhomme du pays, qui avait eu la tête tranchée il y avait bien cent ans...

Un autre avait rencontré la nuit un gentilhomme, parent du président, à qui appartenait la terre d'Ardivilliers. Il se promenait avec la femme d'un seigneur des environs; on nommait la dame ; on ajoutait même qu'elle s'était laissé cajoler, et qu'ensuite elle et son galant avaient disparu. Plusieurs autres avaient vu, ou tout au moins entendu dire de semblables merveilles.

Cette farce dura quatre ou cinq ans, et fit grand tort au président, qui était contraint de laisser sa terre à son fermier à très-vil prix; mais enfin il résolut de faire cesser la lutinerie, persuadé, par beaucoup de circonstances, qu'il y avait de l'artifice en tout cela. Il va à sa terre vers la Toussaint, couche dans son château, fait demeurer dans sa chambre deux gentilshommes de ses amis, bien résolus, au premier bruit, ou à la première apparition, de tirer sur les esprits avec de bons pistolets.

Les esprits qui savent tout, surent apparemment ces préparatifs ; pas un d'eux ne parut. Ils redoutèrent celui du président, qu'ils reconnurent

avoir plus de force et de subtilité qu'eux. Ils se contentèrent de traîner des chaînes, dans une chambre au-dessus de la sienne, au bruit desquelles la femme et les enfans du fermier vinrent au secours de leur seigneur, et se jetèrent à ses genoux, pour l'empêcher de monter dans la chambre endiablée : « Monseigneur, lui criaient-
» ils, qu'est-ce que la force humaine
» contre des gens de l'autre monde?
» Tous ceux qui ont tenté, avant vous,
» la même entreprise, en sont revenus
» tout disloqués.... »

Ils firent tant d'histoires au président, que ses amis ne voulurent pas qu'il s'exposât à ce que l'esprit pourrait faire pour sa défense; ils en prirent seuls la commission, et montèrent tous deux à cette grande et vaste salle où se faisait le bruit, le pistolet dans une main, et la chandelle dans l'autre.

Ils ne virent d'abord qu'une épaisse

fumée, que quelques flammes redoublaient par intervalles. Ils attendent un moment qu'elle s'éclaircisse. L'esprit s'entrevoit confusément au milieu. C'est un grand diable tout noir qui fait des gambades, et qu'un mélange de flammes et de fumée dérobe encore une fois à leur vue, il a des cornes et une longue queue; enfin, c'est un objet qui donne l'épouvante...

L'un des deux gentilshommes sent un peu diminuer son audace à cet aspect. « Il y a là quelque chose de sur-
» naturel, dit-il à l'autre, retirons-
» nous » Mais cet autre, plus hardi, ne recule pas. « Non, non, dit-il, cette
» fumée sent la poudre à canon, et ce
» n'est rien d'extraordinaire; l'esprit
» ne sait même son métier qu'à demi,
» de n'avoir pas encore soufflé nos
» chandelles. »

Il avance à ces mots, poursuit le spectre, lui lâche un coup de pistolet, ne le manque pas; mais il est tout étonné qu'au lieu de tomber, le fantôme se retourne et se fixe devant lui.... C'est alors que le gentilhomme commence à avoir un peu de frayeur. Il se rassure toutefois, persuadé que ce ne peut être un esprit; et voyant que le spectre évite de se laisser saisir, il se résout de l'attraper, pour voir s'il sera palpable, ou s'il fondra entre ses mains.....

L'esprit, serré de trop près, sort de la chambre, et s'enfuit par un petit escalier. Le gentilhomme descend après lui, ne le perd point de vue, traverse cours et jardins, et fait autant de tours qu'en fait le spectre; tant qu'enfin ce fantôme étant parvenu à une grange, qu'il trouve ouverte, se jette dedans et fond contre un mur, au moment où le gentilhomme pensait l'arrêter....

Celui-ci appelle du monde; on cherche; et, dans l'endroit où le spectre s'était évanoui, on découvre une trape qui se fermait d'un verrou, après qu'on y était passé. On y descend; et on trouve le fantôme sur de bons matelas, qui l'empêchaient de se blesser, quand il se jetait dans ce trou, la tête la première. On le fait sortir et on reconnaît, sous le masque du diable, le rusé fermier qui avoua toutes ses souplesses, et en fut quitte pour payer à son maître les redevances de cinq années, sur le pied de ce que la terre était affermée avant les apparitions.

Le caractère qui le rendait à l'épreuve du pistolet, était une peau de buffle, ajustée à tout son corps. (*La fausse Clélie.*)

― ― ―

EXHUMATION D'UN BROUCOLAQUE.

L'ANECDOTE que nous allons rapporter se trouve dans le voyage de Tournefort au Levant, et peut éclairoir les prétendues histoires de vampires.

Nous fûmes témoins (dit l'auteur), dans l'île de Mycone, d'une scène bien singulière, à l'occasion d'un de ces morts, que l'on croit voir revenir, après leur enterrement. Les peuples du Nord les nomment *vampires*; les Grecs les désignent sous le nom de *broucolaques*. Celui dont on va donner l'histoire était un paysan de Mycone, naturellement chagrin et querelleur; c'est une circonstance à remarquer par rapport à de pareils sujets: il fut tué à la campagne, on ne sait par qui ni comment.

Deux jours après qu'on l'eut inhumé dans une chapelle de la ville, le bruit courut qu'on le voyait la nuit se promener à grands pas; qu'il venait dans les maisons renverser les meubles, éteindre les lampes, embrasser les gens par-derrière, et faire mille petits tours d'espiègle. On ne fit qu'en rire d'abord; mais l'affaire devint sérieuse, lorsque les plus honnêtes gens commencèrent à se plaindre. Les *papas* (prêtres grecs) eux-mêmes convenaient du fait, et sans doute qu'ils avaient leurs raisons. On ne manqua pas de faire dire des messes : cependant le paysan continuait la même vie sans se corriger. Après plusieurs assemblées des principaux de la ville, des prêtres et des religieux, on conclut qu'il fallait, je ne sais par quel ancien cérémonial, attendre les neuf jours après l'enterrement.

Le dixième jour, on dit une messe dans la chapelle où était le corps, afin de chasser le démon, que l'on croyait s'y être renfermé. Après la messe, on déterra le corps, et on en ôta le cœur; le cadavre sentait si mauvais qu'on fut obligé de brûler de l'encens; mais la fumée, confondue avec la mauvaise odeur, ne fit que l'augmenter, et commença d'échauffer la cervelle de ces pauvres gens. On s'avisa de dire qu'il sortait une fumée épaisse de ce corps. Nous, qui étions témoins, nous n'osions dire que c'était celle de l'encens.

Plusieurs des assistans assuraient que le sang de ce malheureux était bien vermeil; d'autres juraient que le corps était encore tout chaud; d'où l'on concluait que le mort avait grand tort de n'être pas bien mort, ou, pour mieux dire, de s'être laissé ranimer par le diable; c'est-là précisément l'idée qu'ils ont d'un broucolaque; on faisait alors retentir ce nom d'une manière étonnante. Une foule de gens, qui survinrent, protestèrent tout haut qu'ils s'étaient bien aperçus que ce corps n'était pas devenu roide, lorsqu'on le porta de la campagne à l'église pour l'enterrer; et que, par conséquent, c'était un vrai broucolaque: c'était là le refrain.

Quand on nous demanda ce que nous croyions de ce mort, nous répondîmes que nous le croyions très-bien mort; et que, pour ce prétendu sang vermeil, on pouvait voir aisément que ce n'était qu'une bourbe fort puante; enfin, nous fîmes de notre mieux pour guérir, ou du moins pour ne pas aigrir leur imagination frappée, en leur expliquant les prétendues vapeurs et la chaleur d'un cadavre.

Malgré tous nos raisonnemens, on fut d'avis de brûler le cœur du mort, qui, après cette exécution, ne fut pas plus docile qu'auparavant, et fit encore plus de bruit. On l'accusa de battre les gens la nuit, d'enfoncer les portes, de briser les fenêtres, de déchirer les habits, et de vider les cruches et les bouteilles. C'était un mort bien altéré.

Je crois qu'il n'épargna que la maison du consul, chez qui nous logions. Tout le monde avait l'imagination renversée. Les gens du meilleur esprit paraissaient frappés comme les autres. C'était une véritable maladie de cerveau, aussi dangereuse que la manie et que la rage. On voyait des familles entières abandonner leurs maisons, et venir des extrémités de la ville porter leurs grabats à la place, pour y passer la nuit. Chacun se plaignait de quelque nouvelle insulte, et les plus sensés se retiraient à la campagne.

Les citoyens, les plus zélés pour le bien public, croyaient qu'on avait manqué au point le plus essentiel de la cérémonie; il ne fallait, selon eux, célébrer la messe qu'après avoir ôté le cœur à ce malheureux. Ils prétendaient qu'avec cette précaution, on n'aurait pas manqué de surprendre le diable; et sans doute, il n'aurait eu garde d'y revenir; au lieu qu'ayant commencé par la messe, il avait eu tout le tems de s'enfuir, et de revenir à son aise.

Après tous ces raisonnemens, on se trouva dans le même embarras que le premier jour. On s'assembla soir et matin; on fit des processions pendant trois jours et trois nuits; on obligea les *papas* de jeûner; on les voyait courir dans les maisons, le goupillon à la main, jeter de l'eau bénite et en laver les portes; ils en remplissaient même la bouche de ce pauvre broucolaque.

Dans une prévention si générale, nous prîmes le parti de ne rien dire. Non-seulement on nous aurait traité de ridicules, mais d'infidèles. Comment faire revenir tout un peuple? Tous les matins, on nous donnait la comédie, par le récit des nouvelles folies de cet oiseau de nuit; on l'accusait même d'avoir commis les péchés les plus abominables.

Cependant nous répétâmes si souvent aux administrateurs de la ville, que, dans un pareil cas, on ne manquerait pas, dans notre pays, de faire le guet la nuit, pour observer ce qui se passerait, qu'enfin on arrêta quelques vagabons, qui, assurément, avaient part à tous ces désordres : mais on les relâcha trop tôt ; car, deux jours après, pour se dédommager du jeûne qu'ils avaient fait en prison, ils recommencèrent à vider les cruches de vin, chez ceux qui étaient assez sots pour abandonner leurs maisons la nuit. On fut donc obligé d'en revenir aux prières.

Un jour, comme on récitait certaines oraisons, après avoir planté je ne sais combien d'épées nues sur la fosse de ce cadavre, que l'on déterrait trois ou quatre fois par jour, suivant le caprice du premier venu, un Albanais, qui se trouvait là, s'avisa de dire, d'un ton de docteur, qu'il était fort ridicule, en pareils cas, de se servir des épées des chrétiens. « Ne voyez-vous » pas, pauvres gens, disait-il, que la » garde de ces épées faisant une croix » avec la poignée, empêche le diable » de sortir de ce corps? Que ne vous » servez-vous plutôt des sabres des » Turcs? »

L'avis de cet habile homme ne servit de rien; le broucolaque ne parut pas plus traitable, et on ne savait plus à quel saint se vouer, lorsque tout d'une voix, comme si l'on s'était donné le mot, on se mit à crier, par toute la ville, qu'il fallait brûler le broucolaque tout entier; qu'après cela ils défiaient le diable de revenir s'y nicher; qu'il valait mieux recourir à cette extrémité, que de laisser déserter l'île. En effet, il y avait déjà des familles qui pliaient bagage pour aller s'établir ailleurs.

On porta donc le broucolaque, par ordre des administrateurs, à la pointe de l'île de Saint-Georges, où l'on avait préparé un grand bûcher, avec du goudron, de peur que le bois, quelque sec qu'il fût, ne brûlât pas assez vite. Les restes de ce malheureux cadavre y furent jetés, et consumés en peu de temps. C'était le premier jour de janvier 1701. Dès-lors, on n'entendit plus de plaintes contre le broucolaque; on se contenta de dire que le diable avait été bien attrapé cette fois-là, et l'on fit quelques chansons pour le tourner en ridicule.

LETTRE APPORTÉE PAR UN FANTOME.

Un négociant de Lyon avait aux Indes un frère, avec qui il s'était associé pour le commerce, et dont il ne recevait plus de nouvelles depuis quelque temps. Un soir, qu'il rentra fort tard, après qu'il fut couché, il aperçut à sa fenêtre, au clair de la lune, un fantôme blanc, qui s'agitait en mille manières, et qui cherchait à entrer dans la chambre. Il manquait, par hasard, un carreau de vitre, au haut de la croisée; le fantôme s'y jeta la tête la première, et sauta sur la table de nuit du négociant. Celui-ci, qui tremblait depuis qu'il avait aperçu l'ombre, sauta brusquement de son lit, et courut chercher de la lumière.

Lorsqu'il rentra dans sa chambre, il ne retrouva plus le fantôme; mais il aperçut une lettre laissée au pied de son lit..... Il se hâte de l'ouvrir. Cette lettre lui annonce la mort de son frère... Dès-lors, plus de doute qu'il n'ait vu l'ombre du défunt... Il se disposait à l'apaiser, par des messes, quand tout s'éclaircit. La lettre était arrivée par la poste. On l'avait rendue à la cuisinière, qui l'avait mise dans la poche de son tablier. A la chute du jour, le fils de la maison, âgé de huit ou neuf ans, ayant trouvé le tablier sur le dos d'une chaise, s'était amusé à l'attacher au cou d'un gros chat blanc, élevé dans la cuisine. Le chat s'était enfui, embarrassé dans cette espèce de longue robe; et il était entré dans la chambre du négociant, où, en s'agitant, il avait laissé tomber la lettre.

AVENTURE DU MARÉCHAL DE SAXE.

LE maréchal de Saxe, passant dans un village, entendit parler d'une auberge où il y avait, disait-on, des revenans, qui étouffaient tous ceux qui avait l'audace d'y coucher. Le vainqueur de Fontenoy était au-dessus des craintes superstitieuses : il alla passer la nuit dans cette auberge, et se logea dans la chambre fatale, muni de bons pistolets, et accompagné de son domestique. Il lui ordonna de veiller autant qu'il le pourrait, devant lui céder ensuite son lit, et faire sentinelle à sa place.

A une heure du matin, rien n'avait encore paru. Le domestique, sentant ses yeux s'appesantir, va éveiller son maître, qui ne répond point. Il le croit assoupi, et le secoue, sans qu'il s'éveille. Effrayé, il prend la lumière, lève les draps, et voit le maréchal baigné dans son sang..... Une araignée monstrueuse, appliquée sur le sein gauche, lui suçait le sang. Il court prendre des pincettes, pour combattre cet ennemi d'un nouveau genre, saisit l'araignée, et la jette au feu. Ce ne fut qu'après un long assoupissement, que le maréchal reprit ses sens; et depuis lors, on n'entendit plus parler de revenans dans cette auberge.

~~~~~~

LE SOUPER DES DÉMONS.

On trouve cette anecdote peu connue, dans de vieilles chroniques de Lorraine:

Charles II, duc de Lorraine, voyageant *incognito* dans ses Etats, arriva un soir dans une ferme, où il se décida à passer la nuit. Il fut tout surpris de voir qu'après qu'il eut soupé, on préparait un second repas, plus délicat que le sien, et servi avec un soin et une propreté admirables. Il demanda au fermier s'il attendait quelque compagnie. — Non, Monsieur, répondit le paysan; mais c'est aujourd'hui jeudi; et, toutes les semaines, à pareil jour, les démons se rassemblent dans la forêt voisine, avec les sorciers des environs, pour y faire leur sabbat. Après qu'ils ont dansé le branle du diable, ils se divisent en quatre bandes. La première vient souper ici; les autres se rendent dans des fermes peu éloignées. — Et paient-ils ce qu'ils prennent? demanda Charles. — Loin de payer, répondit le fermier, ils emportent encore ce qui leur convient; et s'ils ne se trouvent pas bien reçus, ou que quelque chose leur manque, nous en voyons de rudes. Mais que voulez-vous qu'on fasse contre des sorciers et des démons?....

Le prince étonné, voulut approfondir ce mystère. Il appela un de ses écuyers, lui dit quelques mots à l'oreille; et celui-ci partit au grand galop pour la ville de Toul, qui n'était qu'à trois lieues de là.

Vers deux heures du matin, le sabbat étant probablement terminé, une trentaine de sorciers et de démons entra dans la ferme : Les uns étaient noirs, et ressemblaient à des ours ; les autres avaient des cornes et des griffes ; les sorciers et les sorcières étaient vêtus bizarrement.

A peine étaient-ils à table, que l'écuyer de Charles II rentra, suivi d'une troupe de gens d'armes. Le prince parut, avec cette escorte, dans la salle où les démons et les sorciers se disposaient à bien souper. — Des diables ne mangent pas, leur dit-il ; ainsi, vous voudrez bien permettre que mes gens d'armes se mettent à table, à votre place..... Les sorciers voulurent répliquer ; les démons, plus mutins, commencèrent à proférer de grandes menaces. — Vous n'êtes point des démons, leur cria Charles ; les habitans de l'enfer agissent plus qu'ils ne parlent ; et si vous en sortiez, nous serions déjà tous fascinés par vos prestiges.....

Après ces mots, voyant que la bande

9

infernale ne s'évanouissait point, il ordonna à ses gens d'armes de faire main-basse sur les sorciers et leurs patrons. On arrêta pareillement, dans la même nuit, les autres membres du sabbat, qui soupaient chez les voisins; et, le matin, Charles II se vit maître de plus de cent vingt personnes, tant sorciers et sorcières, que diables et diablesses. On dépouilla toutes ces bonnes gens du costume magique; et on trouva, sous l'accoutrement qui les rendait si terribles, des paysans et des paysannes, de quelques villages environnans, qui se rassemblaient de nuit, dans la forêt, pour y faire des orgies abominables, et piller ensuite les riches fermiers.

Le duc de Lorraine (qui avait généreusement payé son souper, avant de quitter la ferme) fit punir les prétendus sorciers et démons, comme des coquins et des misérables. Le voisinage fut délivré pour le moment de ses craintes; mais la foi aux sorciers ne s'affaiblit pas pour cela dans la Lorraine.

LE DON DE RESSUSCITER LES MORTS.

On racontait l'anecdote suivante, dans le dernier siècle, pour prouver que les plus grandes absurdités trouvent des partisans, et que l'on peut tout hasarder auprès des esprits faibles.

Deux charlatans débutaient dans une petite ville de province. Mais, comme Cagliostro, Mesmer et d'autres personnages importans venaient de se présenter à Paris, à titre de docteurs, qui, par le geste et le tact, guérissaient toutes les maladies, ils pensèrent qu'il fallait encore quelque chose de plus extraordinaire, pour accréditer leur savoir-faire; qu'il fallait enfin un tour de force.

Ils s'annoncent donc comme ayant le pouvoir de ressusciter les morts à volonté; et, pour qu'on n'en puisse douter, ils déclarent qu'au bout de trois semaines, jour pour jour, ils rappelleront à la vie, dans le cimetière qu'on voudra leur indiquer, le mort dont on leur montrera la sépulture, fût-il enterré depuis dix ans.

Ils demandent, en attendant, au juge du lieu, qu'on les garde à vue pour s'assurer qu'ils ne s'échapperont pas; mais qu'on leur permette, en attendant, de vendre des drogues et d'exercer leurs talens. La proposition paraît si belle, qu'on n'hésite pas à les consulter. Tout le monde assiège leur maison; tout le monde trouve de l'argent pour payer des médecins d'un genre si nouveau.

Le fameux jour approchait. Le plus jeune des deux charlatans, qui avait moins d'audace, témoigna ses craintes

à l'autre, et lui dit : « Malgré toute
» votre habileté, je crois que vous
» nous exposez à être lapidés; car, en-
» fin, vous n'avez point le talent de
» ressusciter les morts, et vous pré-
» tendez faire plus que le Messie même,
» qui ressuscita Lazare au bout de
» quatre jours seulement. — Vous ne
» connaissez pas les hommes, lui ré-
» pliqua le docteur; et je suis plus
» tranquille que vous ne croyez..... »
L'événement justifia sa présomption;
car, à peine avait-il parlé, qu'il reçut
une lettre d'un gentilhomme du lieu;
elle était conçue en ces termes :

« Monsieur, j'ai appris que vous de-
» viez faire une grande opération, qui
» me fait trembler. J'avais une mé-
» chante femme; Dieu vient de m'en
» délivrer; et je serais le plus malheu-
» reux des hommes, si vous la ressus-
» citiez. Je vous conjure donc de ne
» point faire usage de votre secret

» dans notre ville, et d'accepter un
» petit dédommagement de cinquante
» louis, que je vous envoie, etc. »

Une heure après, les charlatans virent arriver chez eux deux jeunes gens éplorés, qui leur présentèrent soixante louis, sous la condition de ne point employer leur sublime talent, parce qu'ils craignaient la résurrection d'un vieux parent, dont ils venaient d'hériter. Ceux-ci furent suivis par d'autres, qui apportèrent aussi leur argent, pour de pareilles craintes, en faisant la même supplication.

Enfin, le juge du lieu vint lui-même dire aux deux charlatans, qu'il ne doutait nullement de leur pouvoir miraculeux, qu'ils en avaient donné des preuves par une foule de guérisons tout-à-fait extraordinaires; mais que la belle expérience qu'ils devaient faire le lendemain, dans le cimetière, avait mis d'avance toute la ville en combustion; que l'on craignait avec raison de voir ressusciter un mort, dont le retour pourrait causer de grandes révolutions dans les fortunes; qu'il les priait de partir; et qu'il allait leur donner une attestation en bonne forme, comme quoi ils ressuscitaient réellement les morts.

Le certificat fut signé, paraphé, légalisé; et les deux compagnons, chargés d'or, parcoururent les provinces, montrant partout la preuve légale de leur talent surnaturel.

VISITE NOCTURNE DU DIABLE.

Un bon marchand, couché dans une hôtellerie, dormait depuis deux heures, d'un sommeil fort tranquille, lorsqu'il fut éveillé par les pas d'une personne qui marchait lourdement dans sa chambre. Le marchand commença à trembler, et crut d'abord qu'il

avait affaire à un voleur de nuit.....
Mais on se promenait lentement, et
sans apparence hostile.... Après avoir
fait plusieurs tours dans la chambre,
on s'approcha du lit, et on s'y appuya.....

Le bonhomme, jugeant qu'il n'y
avait plus moyen de battre en retraite,
se décida, quoique mourant de peur,
à une attaque vigoureuse, et prit le
parti de saisir le voleur à la gorge.
Il avance la main, et trouve sur le
bord de son lit deux pieds fourchus.....
Cette singularité l'intrigue; cependant
il a encore le courage de chercher la
tête de l'individu qui trouble son sommeil... Il rencontre une barbe longue,
épaisse, rude... une face pointue... un
front surmonté de deux longues cornes... Alors il ne doute plus qu'il ne
se trouve en face du diable; il saute
de son lit, hors d'haleine, et passe le
reste de la nuit en oraison.

Le jour vint enfin dissiper ses frayeurs; il s'aperçut qu'il avait pour voisinage un troupeau de chèvres, séparé de sa chambre par une cloison fort mince; et qu'un grand bouc, son voisin, avait profité d'une ouverture qui se trouvait dans les planches, pour venir lui rendre visite.

LES FUNÉRAILLES INTERROMPUES.

M. DE COMBLES, ancien magistrat dans une cour de Lyon, attaqué de la maladie grave à laquelle il a succombé il y a peu d'années, ne cessait de dire en riant à ses parens, amis et domestiques qui l'entouraient : « Ne » croyez pas vous débarrasser de moi, » en m'enterrant; au moment où vous » y penserez le moins, je reviendrai » exprès pour vous épouvanter tous. »

On ne fit pas grande attention à un

propos qui ne tenait qu'à l'esprit facétieux dont il avait donné tant de preuves. Cependant il mourut; et, après sa mort, on porta son corps à l'église. Il y fut accompagné par sa nombreuse famille, beaucoup d'amis, et une grande foule de peuple. Mais, au moment où l'on s'occupait tristement, et dans le plus grand silence, des cérémonies funèbres, on entendit distinctement des gémissemens profonds, qui paraissaient sortir de dessous le drap mortuaire, et l'on vit tout-à-coup le cercueil s'agiter assez violemment en différens sens.....

Le service fut aussitôt interrompu; plusieurs spectateurs prirent la fuite, avec la plus grande terreur; d'autres, se rappelant ce que M. de Combles avait si souvent répété pendant sa maladie, restaient stupéfaits, dans une anxiété très-pénible. Enfin, quelques-uns, plus hardis, soulevèrent le drap, et aperçurent un malheureux homme du peuple qui, ayant eu une attaque d'épilepsie, dans ses convulsions, avait roulé sous le cercueil, et avait excité l'effroi général par ses mouvemens et ses cris plaintifs. (*Paris, Versailles et les provinces*, etc.)

LA CHAMBRE ENDIABLÉE.

Un aide-de-camp du maréchal de Luxembourg eut une aventure qui, comme celle du maréchal de Saxe, peut éclaircir aussi quelques histoires de revenans.

Il était allé coucher dans une auberge, dont la réputation n'était rien moins que rassurante. Le diable, disait-on, venait toutes les nuits dans la plus belle chambre de cette maison, tordait le cou à tous ceux qui osaient s'y loger, et les laissait bien étranglés dans leur lit. Un grand nombre de voyageurs remplissant toute l'auberge, quand l'aide-de-camp y arriva, on lui dit qu'il n'y avait plus de vide que la chambre fréquentée par le diable, où personne ne voulait prendre gîte. — Oh! bien, moi, répondit-il, je ne serai pas fâché de lier connaissance avec Satan; qu'on fasse mon lit dans la chambre en question : je me charge du reste.

Mais vers minuit, le jeune brave vit descendre le diable par la cheminée, sous la figure d'une bête furieuse, contre laquelle il fallut se défendre. Il y eut entre les deux champions un combat acharné, à coups de sabre de la part du militaire, à coups de griffes et de dents de la part de la bête; cette bataille dura une bonne heure. Le diable fut vaincu, et resta mort sur la place. L'aide-de-camp appela du monde : on reconnut dans l'être qu'il venait de tuer, non sans peine, un énorme chat sauvage, qui descendait par la cheminée dans cette chambre, et qui, selon le rapport de l'hôte, avait déjà étranglé quinze personnes.

~~~~~~

LA MENACE ACCOMPLIE.

Un voyageur, passant à cheval devant une petite chapelle, située à l'entrée d'une forêt du Mans, renversa par mégarde un vieux berger qui croisait sa route. Comme il était fort tard et que le soleil se couchait, le cavalier, qui n'avait pas de temps à perdre, ne s'arrêta pas pour relever le bon-homme, et n'eut pas même la civilité de lui demander excuse. Celui-ci se ramassa donc comme il put; mais, ensuite, se tournant vers le voyageur, il lui cria *qu'il se souviendrait de son impolitesse*.

Le cavalier ne fit pas d'abord attention à la menace du vieux berger; puis réfléchissant qu'il pourrait lui envoyer un maléfice, ou l'égarer dans sa route (car on sait que tous les bergers de village sont sorciers ou magiciens), il eut regret de n'avoir pas été plus honnête.

Comme il s'occupait de ces pensées, il entendit marcher derrière lui. Il se retourne, entrevoit un grand spectre nu, hideux, qui le poursuit...... C'est sûrement un fantôme envoyé par le vieux berger...... Le voyageur pique son cheval; le cheval fatigué ne peut plus courir : dès-lors il est ensorcelé!....

Pour comble de frayeur, le spectre saute sur la croupe du cheval, enlace de ses deux longs bras le corps du cavalier, et se met à hurler avec une force épouvantable. Le cavalier fait mille efforts pour se dégager... Le spectre serre d'autant plus vigoureusement, et étouffe à moitié le malheureux qu'il embrasse, toujours s'agitant, toujours criant d'une voix rauque et sépulchrale.... Le cheval s'effraie des cris, et cherche de son côté à jeter à terre sa double charge....

Le voyageur ne savait plus à quel saint se vouer, lorsqu'enfin une ruade de l'animal dégage le spectre qui tombe à terre. Le cavalier ose à peine jeter les yeux sur lui..... Il a une longue barbe sale, un teint pâle, des yeux hagards, et fait d'effroyables grimaces....Il croit même distinguer deux cornes parmi ses cheveux hérissés....Il fait un grand signe de croix, et fuit au plus vite. Il s'arrête au plus prochain village, raconte sa mésaventure : on lui apprend que le spectre qui lui a tant donné de peur est un fou échappé, qu'on cherche depuis quelques heures.

LE DIABLE EN DÉFAUT.

Un vieux négociant des États-Unis, retiré du commerce, vivait paisiblement de quelques rentes qu'il avait acquises par le travail et l'industrie. Il sortit un soir de sa maison, pour toucher douze cents francs qui lui étaient dus. Mais son débiteur, n'ayant pas davantage pour le moment, ne put lui payer que les deux tiers de la somme. En rentrant chez lui, le marchand se mit à compter l'argent qu'il venait de recevoir. Pendant qu'il s'occupait de ce soin, il entend quelque bruit, lève les yeux et voit descendre de sa cheminée dans sa chambre, le diable en propre personne. Il était ce soir-là en costume effrayant. Tout son corps, couvert de poils rudes et noirs, avait au moins six bons pieds de haut. De grandes cornes surmontaient son front, accompagnées de larges oreilles pendantes; il avait des pieds fourchus, des griffes au lieu de mains, une longue queue, un museau comme on n'en voit point, et des yeux dont les regards semblaient terribles.

A la vue de ce personnage, qu'il n'avait jamais souhaité de connaître, le bon marchand commença à ressentir le frisson de la fièvre. Il eut pourtant la force de se munir d'un signe de croix; mais le diable ne s'en intimida point. Il s'approcha du marchand, et lui dit : « Il faut que tu me donnes sur » l'heure douze cents francs, si tu ne » veux pas que je t'emporte en enfer. » — Hélas ! répondit le négociant, » vous vous adressez mal, je n'ai pas » ce que vous me demandez. — Tu » mens, interrompit brusquement le « diable, je sais que tu viens de le rece- » voir à l'instant. — Dites que je devais » le recevoir, répliqua le marchand; » mais on ne m'a pu donner que huit

» cents francs. Cependant si vous vou-
» lez avoir la bonté de me laisser jus-
» qu'à demain, je promets de vous
» compléter la somme.... — Eh bien !
» ajouta le diable, après un moment de
» réflexion, j'y consens, mais que de-
» main, à dix heures du soir, je trouve
» ici les douze cents francs, bien
» comptés, ou je t'entraîne sans misé-
» ricorde. Surtout que personne ne soit
» instruit de notre entrevue, si tu tiens
» encore à la vie. » Après avoir dit ces
mots, d'une voix rauque, il sortit par
la porte.

Le diable aurait dû songer que huit
cents francs, dans la main, valent
mieux que douze cents francs en espérance ; et le marchand aurait pu savoir que le diable donne de l'argent,
au lieu d'en demander ; qu'il connaît
au juste les richesses qu'on possède ;
et qu'il n'emporte pas les gens sans
raison.

Quoi qu'il en soit, le lendemain matin, le négociant alla trouver un vieil ami, et le pria de lui prêter quatre cents francs. Son ami lui demanda s'il en était bien pressé ? « Oh! oui, » très-pressé, répondit le marchand, » il me les faut avant la nuit. Il y va » de ma parole, et peut-être d'autre » chose. — Mais n'avez-vous pas reçu » hier une certaine somme ? — J'en » ai disposé. — Cependant, je ne vous » connais aucune affaire, qui nécessite » absolument de l'argent. — Je vous » dis qu'il y va de ma vie.... »

Le vieil ami, étonné, demande l'éclaircissement d'un pareil mystère. On lui répond que le secret ne peut se trahir. « Considérez, dit-il au négociant, » que personne ne nous écoute. Dites-» moi votre affaire, je pourrai peut-» être vous être utile. D'abord, je vous » prêterai les quatre cents francs ; ce » que je ne ferai sûrement pas, si vous

» gardez un silence obstiné. — Eh
» bien ! sachez donc que..... le diable
» est venu me voir,.... qu'il faut que je
» lui donne douze cents francs ce soir...
» sans que personne le sache.... Si je
» ne veux pas déloger de ce monde-
» ci...... Voyez, maintenant, si vous
» voulez m'obliger. J'ai besoin de vous
» plus que jamais. »

L'ami du négociant ne répliqua plus. Il savait combien l'imagination de ce pauvre homme était facile à s'effrayer. Il tira de son coffre-fort la somme qu'on lui demandait, et la prêta de bonne grâce; mais à huit heures du soir, il se rendit chez le vieux marchand.—Je viens vous faire société, lui dit-il, et attendre avec vous le diable, que je ne serai pas fâché de voir. Le négociant répondit que c'était impossible, où qu'ils s'exposeraient à être emportés tous les deux. Cependant, après bien des débats, il permit que son ami attendit l'événement, dans un cabinet voisin de la salle où le diable devait se montrer, pour porter quelque secours en cas de besoin.

A dix heures précises, un bruit se fait entendre dans la cheminée. Le diable paraît dans son costume de la veille. Le vieillard se mit, en tremblant, à compter les écus.

En même temps l'homme du cabinet entra : — Es-tu bien le diable, dit-il à celui qui demandait de l'argent?.... Puis voyant qu'il ne se pressait pas de répondre, et que son ami frissonnait de tous ses membres, il tira de ses poches deux pistolets, et les présentant à la gorge du diable, il ajouta ; « Je veux » voir si tu es à l'épreuve du feu?..... » Le diable recula, tout surpris de trouver son maître, et chercha à gagner la porte. — Fais-toi connaître bien vite, s'écria l'intrépide champion, ou tu es mort....

Le démon, reconnaissant qu'il n'y avait rien à faire avec ce terrible homme, se hâta de se démasquer, et de mettre bas son costume infernal. On trouva sous ce déguisement un voisin du bon marchand, qui faisait quelquefois des dupes, sous le nom du diable, et qu'on n'avait pas encore soupçonné. Il fut jugé comme escroc; et le négociant apprit par-là que le diable se montre moins souvent qu'on ne dit.

LE GRIMOIRE.

Un petit seigneur de village venait d'emprunter à son berger le livre du *Grimoire*, avec lequel celui-ci se vantait de forcer le diable à paraître. Le seigneur, curieux de voir le diable, se retira bien vite dans sa chambre, et se mit à lire l'oraison qui oblige l'esprit de ténèbres à se montrer.

Au moment qu'il prononçait, avec

agitation, les paroles toutes puissantes, la porte qui était mal fermée s'ouvre brusquement : le diable paraît, armé de ses longues cornes, et tout couvert de poils noirs.... Le curieux seigneur, qui n'avait pas l'esprit fort, n'a pas plutôt reconnu le prince des enfers, qu'il perd connaissance, et tombe mourant de peur sur le carreau, en faisant le signe de la croix.

Il resta assez long-temps dans cette léthargie, sans que personne vînt l'en tirer. Enfin il revint à lui-même, ouvrit les yeux, et se retrouva avec surprise dans sa chambre. Il ne douta pas que si le diable ne lui avait fait aucun mal, il en était redevable au signe de croix qu'il avait eu l'heureuse précaution de faire en tombant. Cependant il visita les meubles, pour voir s'il n'y avait rien de dégradé : un grand miroir qui était sur une chaise se trouvait brisé : c'était l'œuvre du diable.

Malheureusement pour la beauté du conte, on vint dire un instant après à ce pauvre seigneur, que son bouc s'était échappé, et qu'on l'avait repris devant la porte de cette chambre où il avait si bien représenté le diable. Il avait vu dans le miroir un bouc semblable à lui et avait brisé la glace, en voulant combattre son ombre....

LA DEVINERESSE.

LA Voisin, qui passait pour une grande sorcière sous le règne de Louis XIV, cherchait à duper le public, par les intelligences qu'elle se vantait d'avoir avec le diable. Lorsqu'on allait la consulter sur diverses choses, et qu'on voulait lui expliquer le fait : « Taisez-vous, s'écriait-elle, » je ne veux point savoir vos affaires ; » c'est à l'esprit qu'il faut les dire, car

» c'est un esprit jaloux, qui ne veut
» point qu'on entre dans ses secrets; je
» ne puis que le prier pour vous et lui
» obéir. » Elle allait ensuite chercher
du papier, qu'elle disait être charmé :
elle donnait les noms, les titres et les
qualités de l'esprit; et, après avoir
dicté le début de la lettre, elle laissait
la liberté de l'achever, et d'y dire ses
petites raisons au plus juste. Quand on
avait achevé de mettre les questions
par écrit, la rusée magicienne venait,
avec un réchaud plein de braise à la
main, et une boule de cire vierge dans
l'autre ; « Pliez, disait-elle, cette
» boule dans votre lettre, et vous ver-
» rez consumer l'une et l'autre par le
» feu; car l'esprit sait déjà ce que vous
» avez à lui dire, et, dans trois jours,
» vous pouvez venir savoir la ré-
» ponse. » Cela dit, la Voisin prenait
le paquet de la main de la personne,
et le jetait dans le feu, où il était

d'abord entièrement consumé. Cependant, trois jours après, on avait une réponse positive à tout ce qu'on avait écrit, que l'on trouvait toute cachetée chez la prétendue sorcière. L'adresse de la Voisin faisait tout le prestige : cette femme avait dans la main une boule de cire, pliée dans un papier écrit; le papier était de même forme et de même grosseur; et tout consistait dans la subtilité avec laquelle elle escamotait celui qu'on lui présentait, et jetait l'autre dans le feu. Elle savait, par ce moyen, ce qu'on demandait à l'esprit; et il lui était aisé, pendant les trois jours qu'il fallait laisser écouler avant d'avoir la réponse, de s'instruire plus particulièrement des affaires et de l'humeur de la personne, et de lui écrire, sous le nom de l'esprit, des choses que le hasard et les intrigues qu'elle avait, faisaient souvent réussir.

C'est par de semblables pratiques que cette femme s'était acquis un droit, sur la crédulité des superstitieux et des ignorans. (M.me DESNOYERS.)

~~~~~

AVENTURE D'UN ÉCOLIER.

Un écolier, à qui ses maîtres avaient inspiré la plus grande frayeur du diable et des esprits malins, en avait l'imagination tellement frappée, qu'à l'âge de quinze ans, il ne pouvait coucher seul dans une chambre, sans mourir d'effroi pendant deux heures, avant de s'endormir. Il était de Montereau, et étudiait à Paris.

Lorsqu'il allait en vacances chez ses parens, soit qu'il ne fût pas riche, ou qu'il ne voulût pas attendre la voiture publique, il allait ordinairement à pied. Un jour qu'il faisait assez gaiement ce voyage, il rencontra sur sa route une vigne chargée de beaux raisins, dont quelques-uns étaient déjà mûrs. Comme tout ce qui tombe sous la main des écoliers leur appartient par droit de rapine, il entra sans scrupule dans la vigne, fourragea les plus beaux raisins, et ne reprit son chemin que quand il eut abondamment rempli son estomac, ses mains et ses poches. Personne ne l'avait vu : il continua donc sa route avec tranquillité; et, quand il fut las, il s'arrêta dans une petite auberge, pour y passer la nuit.

On le logea dans une chambre basse, qui donnait sur la cour. Le silence de la campagne, bien plus effrayant que l'agitation des villes, commença à porter un certain effroi dans l'esprit du jeune homme. Il visita tous les coins de sa chambre, et se rassura un peu, en reconnaissant qu'elle n'avait ni cheminée, ni ouverture quelconque. Mais, dès qu'il fut au lit, le souvenir du vol qu'il avait fait se représenta à son imagination, et la peur d'être emporté par le diable le tint longtemps éveillé. Il ne s'assoupit que pour être tourmenté par des songes pénibles. Vers deux heures du matin, il lui sembla qu'il voyait au-dessus de lui une légion de démons, armés de crocs, de fourches et de paniers, qui lui disaient : « Rends le raisin que tu as » volé, où nous t'allons mettre dans » ces paniers, avec nos crocs et nos » fourches, pour t'emmener aux en- » fers..... »

L'écolier épouvanté se lève en sursaut. Son imagination était si fortement troublée que, quoiqu'il ne dormît plus, il croyait voir encore la bande infernale. Il courut à la porte pour s'échapper et appeler du secours. Malheureusement il se trompa de clef, et entra dans un poulailler voisin, dont il n'avait pas remarqué la porte. Le bruit qu'il fit éveilla les poules, les dindes, les oies et les canards qui y étaient enfermés; et tous ces animaux voltigeant en désordre, en poussant des cris d'effroi, frappaient sans le voir le malheureux écolier, des ailes et du bec. En sentant ces atteintes, en entendant les cris des oies et des cannes, le jeune homme se persuada qu'il était déjà en enfer : il voulut faire un pas, et se heurta contre l'extrémité d'une perche, qu'il prit pour une fourche. Alors il tomba à la renverse à demi-mort.

Pour surcroît de malheur, le vacher faisait en ce moment sa ronde ; et le son du cornet à bouquin, avertissait les paysans de lâcher leurs bêtes. L'écolier prit ce son, pour celui de la trompette qui l'appelait au jugement : il poussa des cris lamentables, et demanda miséricorde, de tous ses poumons. La fille de l'auberge, qui s'était levée pour faire sortir ses vaches, entendant les cris d'un homme, mêlés aux piaillemens des poules et des canards, courut au poulailler, en tira le pauvre étudiant dans un état pitoyable; et ce ne fut qu'après bien des peines qu'on lui persuada qu'il n'était pas encore mort.

Tels sont les effets d'une imagination déréglée. On pourrait faire un gros volume sur les maux que produisent tous les jours les faiblesses de l'esprit et les vices de l'éducation.

L'ARBRE ENCHANTÉ.

On entendit, il y a quelques années, dans une forêt de l'Angleterre, un arbre qui poussait des gémissemens : on le disait enchanté. Le propriétaire du terrain tira beaucoup d'argent des gens de campagne, qui accouraient pour voir et entendre une chose aussi

merveilleuse. A la fin, quelqu'un pro-
proposa de couper l'arbre ; mais le
propriétaire s'y opposa, non pas par
aucun motif d'intérêt propre, disait-il
modestement, mais dans la crainte
que celui qui oserait y mettre la co-
gnée n'en mourut subitement. On
trouva cependant un homme qui n'a-
vait pas peur de la mort subite, et qui
abattit l'arbre à coups de hache. Alors,
on découvrit un tuyau, qui formait
une communication à plusieurs toises
sous terre, et par le moyen duquel
on produisait les gémissemens qu'on
avait entendus.

EFFETS DE LA PEUR.

La belle Paule, qu'on regardait à
Toulouse comme le modèle de toutes
les perfections physiques, fut enterrée
dans un caveau du couvent des cor-
deliers de cette ville. Un jeune corde-

lier, un peu échauffé par le vin, fit un soir le pari de descendre dans ce caveau, seul et sans lumière, et d'enfoncer un clou sur le cercueil de la belle Paule. Il y descendit en effet; mais, en plantant le clou, il attacha par mégarde un pan de sa robe au cercueil; et, quand il voulut sortir, il eut une telle frayeur de se sentir arrêté, qu'il tomba roide mort sur la place.

L'ÉPREUVE JUDICIAIRE.

Un avocat gascon avait habituellement recours aux grandes figures, pour persuader ou émouvoir ses auditeurs et ses juges. Il plaidait au quinzième siècle, dans ces temps où les *jugemens de Dieu* étaient encore en usage. Un jour qu'il défendait la cause d'un Manceau, cité en justice pour une somme d'argent dont il niait la dette, comme il n'y avait aucun témoin pour éclaircir l'affaire, les juges déclarèrent qu'on aurait recours à une épreuve judiciaire, et qu'on s'en rapporterait au *jugement de Dieu*.

L'avocat de la partie adverse, connaissant l'humeur peu belliqueuse du gascon, demanda que les avocats subissent l'épreuve, aussi bien que leurs cliens; le gascon n'y consentit, qu'à condition que l'épreuve fût à son choix. La chose se passait au Mans.

Le jour venu, l'avocat gascon, ayant longuement réfléchi sur les moyens qu'il avait à prendre, pour ne courir aucun péril, s'avança fièrement devant les juges, et demanda qu'avant de recourir à une plus violente épreuve, on lui permît d'essayer d'abord celle-ci, c'est-à-dire qu'*il se donnait hautement et fermement au diable, lui et sa partie, s'ils avaient touché l'argent dont ils niaient la dette.*

Les juges, étonnés de l'audace du gascon, se persuadèrent là-dessus qu'il était nécessairement fort de son innocence, et se disposaient intérieurement à l'absoudre. Mais auparavant, ils ordonnèrent à l'avocat de la partie adverse de prononcer le même dévouement que venait de faire l'avocat gascon : « Il n'en est pas besoin, s'é-
» cria aussitôt du fond de la salle,
» une voix rauque et terrible!..... » En même temps on vit paraître un monstre difforme, noir, hideux, ayant des cornes au front, de grandes ailes de chauve-souris aux épaules, et avançant les griffes sur l'avocat gascon..... Le champion, tremblant devant le diable, se hâta de révoquer sa parole, en suppliant les juges et les assistans de le tirer des griffes de l'ange des ténèbres.....

On fit à la hâte de grands signes de croix. Les prêtres qui se trouvaient là entonnèrent bien vite des *oremus* et des *hymnes*, pour obliger le démon à partir..... « Je ne céderai à vos signes » de croix et à vos *oremus*, répondit le » diable, que quand le crime sera ré- » vélé!..... » En disant ces mots, il s'avança encore sur le plaideur Manceau et sur l'avocat gascon. Les deux menteurs interdits se hâtèrent d'avouer : l'un, qu'il devait la somme qu'on lui demandait ; l'autre, qu'il soutenait sciemment une mauvaise cause. Alors le diable se retira.

L'affaire fut ainsi décidée ; on se persuada que l'épreuve avait réussi, et que Dieu avait envoyé le démon mis en jeu, tout exprès pour terminer un petit procès embrouillé. Mais on sut, par la suite, que le second avocat, sachant combien le gascon était peureux, en même temps qu'il était peu dévot, s'était douté, ou avait été instruit de son idée ; qu'il avait en conséquence affublé son domestique d'un habit noir, bizarrement taillé; et l'avait équippé d'ailes et de cornes, pour découvrir la vérité par le ministère d'un démon de circonstance, comme on en a tant vu.

LE MORT COMPLAISANT.

UNE jeune femme de Montpellier, veuve d'un militaire, qui lui avait laissé en mourant quelque fortune, était recherchée en secondes noces par un clerc de procureur. L'amoureux était assez bien fait; on le trouvait aimable; on écoutait sans dédain ses soupirs et ses fleurettes; mais il était pauvre; et la dame, riche du testament de son premier époux, craignait de gâter sa réputation, en lui donnant un successeur, après un an au plus de veuvage. On dirait qu'elle se console avec les écus du défunt, dans les bras d'un autre; qu'elle devait au moins se donner le temps de le pleurer, ou le remplacer par un mariage avantageux.

Mais elle avait vingt-sept ans. Le printemps allait bientôt faire place à l'été. L'aimable clerc ferait un autre choix;..... cependant elle refusait toujours sa main, ou par préjugé, ou par crainte des médisans. Elle fut tirée d'incertitude par un de ces heureux événemens, qu'on n'attend guère des gens de l'autre monde.

Un soir qu'elle venait de rentrer dans sa couche, alors solitaire, pendant qu'elle songeait à accorder le devoir avec l'amour, elle entendit marcher dans sa chambre. Sa chandelle n'était pas encore éteinte. Elle tourne les yeux, et aperçoit une grande figure blanche, qui s'avance lentement vers son lit. Elle se lève en sursaut, se met sur son séant, et cherche à reconnaître

l'ombre..... Un grand voile de lin la couvrait, depuis l'extrémité de la tête jusqu'aux pieds. Le fantôme approchait, sans se découvrir, et gardait le silence..... « Qui êtes-vous ? demanda
» enfin d'une voix tremblante l'im-
» patiente veuve..... — L'ombre de
» votre époux, lui répondit-on, avec
» lenteur.— L'ombre de mon époux!...
» Qu'exigez-vous de moi?... Parlez ! si
» votre âme a besoin de prières, toute
» ma fortune vous appartient. Je ne
» la dois qu'à vous; je serai trop heu-
» reuse de soulager vos peines. — Je ne
» suis point dans les peines; au bon-
» heur que j'ai goûté près de vous, tan-
» dis que je vivais encore, le dieu de
» clémence a fait succéder l'éternel
» bonheur. Le même sort vous attend,
» après une longue suite de jours for-
» tunés et paisibles..... »

La jeune veuve, en entendant ces mots, voulut se jeter à bas de son lit,

pour sauter au col de son mari défunt :
« Ne m'approchez point, lui dit vive-
» ment le fantôme ; vous ne touche-
» riez qu'une vaine ombre ; et vous
» me forceriez à disparaître pour tou-
» jours. Je veux, avant de vous quit-
» ter, dissiper les soucis qui vous
» agitent. Dans le céleste séjour, les ten-
» dresses amoureuses sont plus nobles
» qu'ici-bas ; et votre bonheur aug-
» mente le mien ; épousez donc celui
» que vous aimez. Soyez fidèle aux
» nœuds qui vous lieront à lui ; il me
» remplacera dignement près de vous.
» Mais n'oubliez point le premier ob-
» jet de votre flamme ; et que notre
» tendresse vive à jamais dans vos
» souvenirs...... Adieu. »

En achevant ces mots, l'ombre disparut, ou par la porte, ou par la fenêtre ; mais si rapidement, que l'aimable veuve n'eut pas le temps de la
suivre des yeux. De ce moment, il

n'y avait plus à hésiter; quand toutes les bouches humaines blâmeraient l'union projetée, le ciel l'approuvait; on pouvait s'en contenter. Le clerc fut donc heureux et riche; il mérita sa fortune, et ne donna point de regrets à sa tendre moitié.

On avait publié par la ville l'apparition du défunt. Bien des gens croyaient à ce prodige; la bonne dame en était persuadée; et rien ne semblait le démentir. Mais le nouvel époux, ayant obtenu un poste lucratif, et se trouvant plus riche que sa femme, ne put la tromper plus longtemps. Il lui avoua donc qu'il avait joué lui-même le rôle du défunt, et que toute la scène de l'apparition n'était qu'une petite comédie..... La jeune femme resta d'abord toute surprise. Puis réfléchissant que le tour du clerc n'avait eu que de bonnes suites, elle l'en félicita en riant, et répondit que, quelque fût l'ombre qui l'avait si bien séduite, elle n'avait que des remerciemens à lui faire, puisqu'elle était heureuse.

AVENTURE D'UN MUSICIEN.

Un musicien de Toulouse revenait seul, à deux heures du matin, d'une maison de campagne, où l'on donnait un grand bal, et où il s'était si copieusement désaltéré, qu'il voyait double et marchait de travers. En un mot, il était dans un état complet d'ivresse, et faisait la route en trébuchant à chaque pas. Il n'en chantait pas moins à gorge déployée.

Des voleurs, postés dans un bois voisin, vinrent lui demander le droit de passage; et, comme il n'opposait aucune résistance, il ne reçut ni coups, ni mauvais traitemens; mais il fut entièrement dépouillé et laissé nu sur le grand chemin. L'ivresse, la fatigue et la difficulté de se retirer, l'engagèrent à prendre là un peu de repos; et il s'endormit profondément.

Une heure après, le charriot de l'hôpital de Toulouse vint à passer, chargé de corps morts, que l'on conduisait au cimetière. En approchant du musicien endormi, les chevaux s'arrêtèrent, et le cocher les fouetta vainement, sans pouvoir les faire avancer. Enfin, il se mit en colère, jura de tous ses poumons, et agita son fouet de toutes ses forces; les chevaux se cabrèrent et le charriot versa. Cet incident força le conducteur à se calmer, et à laisser aux chevaux le temps de reprendre haleine, pendant qu'il ramasserait les corps morts.

Comme celui du musicien était nu, et qu'il y allait sans compter, il le prit avec les autres, et le jeta dans le charriot; après quoi, il continua sa route, sans obstacle.

Mais les secousses de la voiture ébranlèrent l'imagination de l'ivrogne. Il se mit à rêver; et, son rêve lui rappelant les douces idées du bal, où il avait si bien bu, il porta des santés, et commanda les figures d'une contredanse. Il parlait à haute voix, et variait ses tons, suivant qu'il était plus ou moins agité. De sorte que le cocher entendit bientôt crier derrière lui : *En avant deux! la chaîne des dames! la queue du chat!* etc.

Ces clameurs, qui semblaient partir de plusieurs bouches, commençaient à épouvanter le conducteur, lorsqu'il arriva à l'entrée du cimetière. Il jeta à la hâte tous les corps qu'il amenait, devant la porte du fossoyeur, et s'en alla, en lui criant : *Enterrez-les bien vite, car ils parlent tous, et pourraient bien revenir!*.....

Le fossoyeur étonné, examina soigneusement ses morts. Heureusement, pour le musicien, c'était un homme qui ne croyait point aux revenans. Il trouva l'ivrogne encore chaud, le coucha dans son lit, lui laissa le temps de reprendre sa raison; et lui prêta le lendemain un de ses habits pour retourner à la ville.

FIN.

TABLE

DES CONTES ET DES ANECDOTES

QUI COMPOSENT CE VOLUME.

AVERTISSEMENT,	Page v
Le Démon amoureux,	1
Le lutin Orthon,	3
Le voyage magique,	7
Apparition d'une Athénienne,	9
Les Fourches patibulaires,	10
L'Esprit familier,	13
Vision de Dion le philosophe,	14
Les effets du nombre treize,	15
Le Démon succube,	18
Les deux Momies,	19
Le Diable complaisant,	21
L'Homme noir,	22
Songe d'Hyméra,	24

Un tour au Sabbat,	Page 26
Le Trésor du Diable,	27
Visite conjugale d'un Revenant,	28
Le Chasseur mystérieux,	29
Le Grand veneur,	30
Le Revenant de circonstance,	31
Malices d'un Fantôme,	37
Méchanceté d'un Lutin,	39
Le Diable de la rue du Four,	40
Armée de Fantômes,	41
Le Vampire de Kisilova,	43
Mort de Carlostad,	45
Le Diable exorcisé,	46
Les Revenans du palais de Vauvert,	47
Histoire des bergers de Brie,	49
Enlèvement d'un comte de Mâcon,	55
Le Spectre de Polycrite,	56
Prophétie d'un Magicien,	58
Le Vampire vulnérable,	60
Voyage de Charles-le-Chauve aux enfers,	61
L'Oracle de Mopsus,	66
Funérailles d'un damné,	67
L'Esprit cité en justice,	68
Le Fantôme du Rubicon,	72
Aventure du jeune Clarus,	ibid.
Le Diable valet-de-chambre,	74
Histoire d'Urbain Grandier,	75
L'Esprit obligeant,	83

TABLE

La Reine Bazine,	90
Le Spectre d'Athènes,	93
Aventure du cardinal de Retz,	95
Machates et Philinnion,	99
Le Loup-garou,	103
Traitement du Vampirisme,	104
Le Fantôme de l'Isle-Adam,	106
Prodiges du siége de Jérusalem,	108
Vision de Vétin,	110
Armées aériennes,	112
L'Astrologue,	117
Pacte avec le Diable,	118
Reconnaissance d'un mort,	122
Mort de Guymond de la Touche,	123
Fête singulière,	124
Curiosité imprudente,	127
La Lampe miraculeuse,	128
Le Chanoine normand,	130
L'argent du Diable,	132
Vision du marquis de Précy,	134
Histoire de Rutilio,	138
Adresse d'un Astrologue,	150
Le Revenant succube,	151
La Maison ensorcelée,	152
Le Spectre dans la cave,	155
Les Diables ramoneurs,	156
Les deux Amis arcadiens,	163
Aventure de madame Deshoulières,	165

DES ANECDOTES. 241

Le Revenant de Plaisance, 166
La Danse des Diables, 169
Les apparitions d'Ardivilliers, 172
Exhumation d'un Broucolaque, 178
Lettre apportée par un fantôme, 187
Aventure du maréchal de Saxe, 189
Le Souper des Démons, 191
Le don de ressusciter les Morts, 195
Visite nocturne du Diable, 199
Les Funérailles interrompues, 201
La Chambre endiablée, 203
La menace accomplie, 205
Le Diable en défaut, 208
Le Grimoire, 214
La Devineresse, 216
Aventure d'un Ecolier, 219
L'Arbre enchanté, 223
Effets de la peur, 224
L'Epreuve judiciaire, 225
Le Mort complaisant, 229
Aventure d'un Musicien, 234

Fin de la Table.

www.ingramcontent.com/pod-product-compliance
Lightning Source LLC
Chambersburg PA
CBHW070650170426
43200CB00010B/2179